JoseRa Castillo

Te comparte 80 recetas para consentir
a tu familia y montar tu negocio

Incluye una guía
del emprendedor
para saber cómo
cobrar, vender y
presentar.

POSTRES
CON CARIÑO

Planeta

Diseño de portada e interiores: Ramón Navarro
Fotografía de portada e interiores: Fernando Gómez Carbajal
Iconografía: Ramón Navarro
Imágenes de interiores: Shutterstock

© 2018, JoseRa Castillo

© 2018, Editorial Planeta Mexicana, S.A. de C.V.
Bajo el sello editorial PLANETA M.R.
Avenida Presidente Masarik núm. 111, Piso 2
Colonia Polanco V Sección, Miguel Hidalgo
C.P. 11560, Ciudad de México
www.planetadelibros.com.mx

Primera edición en formato epub: noviembre de 2018
ISBN: 978-607-07-5305-3

Primera edición impresa en México: noviembre de 2018
Quinta reimpresión en México: noviembre de 2019
ISBN: 978-607-07-5299-5

Impreso en los talleres de Litográfica Ingramex, S.A. de C.V.
Centeno núm. 162-1, colonia Granjas Esmeralda, Ciudad de México
Impreso y hecho en México - *Printed and made in Mexico*

Para todos aquellos que creyeron en sí mismos para comenzar un negocio a través de los postres.

ÍNDICE

El gozo de JoseRa
Por León Krauze

Cuando uno piensa en lo que hace José Ramón Castillo, lo primero que viene a la mente es el gozo. El chocolate es uno de los mayores placeres de la vida. No exagero cuando digo que puedo trazar buena parte de mi vida a partir de los chocolates que he probado en distintos momentos. Pienso, por ejemplo, en el *Cadbury's* que comía en Inglaterra cuando viví allá acompañando a mi madre a sus estudios de maestría: un aterciopelado chocolate de leche, casi como mantequilla. Recuerdo también los *Carlos V* que comía junto a mi abuelo mientras veíamos partidos de futbol en su casa: pequeña barra tras pequeña barra de esas cajas de cartón que comprábamos por la mañana en la Comercial Mexicana. O pienso en los *Jacques Torres* de Nueva York durante mis propios estudios de posgrado. La edad ya pesaba (y ya pesaba por la edad) y por eso comía estrictamente una barra a la semana: ni un cachito más ni uno menos. Cada uno de esos chocolates me regalaron gozos tan claros y memorables que aún ahora los recuerdo con entusiasmo de niño.

José Ramón Castillo se ha dedicado por casi 20 años a regalarnos ese mismo tipo de alegría. Sus chocolates hacen honor a la enorme y noble tradición del cacao de nuestro país. Después de todo, JoseRa es antes que nada un artesano profundamente mexicano. Pero no solo eso: sus coloridas piezas son producto de la más refinada técnica europea. Es, en ese sentido, un maestro de la más sofisticada escuela. Y detrás de todo, flota un estilo juguetón que lo lleva, por ejemplo, a incluir colores inesperados y golpes audaces al paladar, impensables en alguien con menos arrojo. Por eso digo: José Ramón Castillo es sinónimo de gozo.

Lo que poca gente sabe es que detrás de esos pequeños pedazos de algarabía que él nos ha regalado por años, está la historia de un extraordinario empresario. Es una historia de esfuerzo y compromiso que comienza con el ejemplo de sus padres, dentistas que le enseñaron que, aunque ser empleado puede ser cómodo, el camino para la consagración personal está en el emprendimiento, en tener la valentía de comenzar un negocio propio. JoseRa cuenta cómo, hace casi 20 años, decidió dejar una vida cómoda trabajando para otros en Europa para volver a su patria y, contra viento y marea, buscar el comienzo de un sueño que solo fuera suyo y de nadie más, con los riesgos que eso implica, pero también con la enorme recompensa para quien se anima a ser valiente. Saliendo apenas de la adolescencia, dejó tierra europea —donde ya había triunfado y vivía tranquilo y cómodo— para llegar a México y obtener un préstamo bancario con el que empezar a vivir de su esfuerzo cotidiano, en sus términos y con sus herramientas ni más ni menos. Así fundó Que Bo!, su empresa chocolatera, dedicada en cuerpo y alma a los ingredientes ancestrales mexicanos. No tenía grandes conocimientos de administración, pero sí la seguridad plena de que el chocolate que brillaba en sus charolas era una expresión perfecta no solo del carácter lúdico y alegre de su autor, sino de la tierra mexicana. Aprendió de sus errores y construyó, con el tiempo, un pequeño imperio. Hoy es, por mucho, el chocolatero mexicano por excelencia.

Aunque con el paso de los años se volvió también una celebridad televisiva, José Ramón Castillo es antes que nada un hombre de empresa. Pero también es una suerte de profesor universal. Su pasión por Que Bo! es equivalente a su gusto por compartir lo que ha aprendido y, crucialmente, por animar a otros a echarse a nadar al río emocionante que es la vida del emprendedor. De eso se trata este libro que usted, lector, tiene hoy en las manos. En él, nos abre la puerta al que ha sido su mundo. Aquí está el olor inconfundible del cacao y el gusto de lo que JoseRa llama «chocolatería evolutiva mexicana». Aquí están los colores, la textura, la explosión nítida de sabores. Pero sobre todo está la sabiduría de un hombre que aún no ha cumplido cuarenta años y ya ha dejado su huella en la industria gastronómica mundial.

Jose Ramón ofrece una guía amable para que el lector se anime a dar el salto que él mismo dio hace casi dos décadas: el del emprendedor. Aquí, entre el gozo del chocolate y la más dulce repostería, hay un llamado a dejar los pretextos y lanzarse a crear empresa, a producir empleos, a ganarse la vida haciendo lo que más nos gusta. Lo hace entre risas, con esa alegría contagiosa que se ha vuelto tan característica suya como sus deliciosas y delicadas obras de arte. Prepárese, lector, para entrar a un mundo de puro gozo, de pura y *chocolatosa* vida. Es el mundo de José Ramón Castillo. Y puede ser suyo también. ¡Buen provecho!

CARTA DE BIENVENIDA

Dicen que los países que se han desarrollado lo han hecho gracias a sus emprendedores: ese grupo de personas que se armaron de valor para perfeccionar una idea y comercializarla, dejando atrás la comodidad de un ingreso fijo; que decidieron correr un riesgo y alcanzaron metas que no imaginaban.

¿Y si te dijera que tú puedes ser uno de ellos?

Emprender ha sido de las mejores experiencias que he tenido en mi vida. Es una montaña rusa de sentimientos: fe, duda, felicidad, aprendizaje, enseñanzas y mucha satisfacción. ¡Cómo aprendemos de las vivencias del camino!

Sí, da miedo. La incertidumbre de qué va a pasar siempre está en tu mente. Pero está en tus manos iniciar esta aventura y recordar en cada experiencia lo anteriormente vivido.

¿Por qué emprendemos? Es algo natural y humano. No siempre lo hacemos por necesidad; muchas veces nos motiva una gran idea o, en este caso, un postre que se distingue de los demás por la aptitud particular que tenemos para desarrollar nuevos sabores y darles un toque único y especial.

Por lo anterior, te ofrezco en este libro 80 recetas que, como amante de la cocina, seguro encontrarás fascinantes. No solo te servirán para nutrir tu pasión por la repostería, sino también para que a partir de ellas puedas emprender un negocio. O si ya lo tienes, hacer que este crezca aún más.

Ahora, ¿cómo navegar a través del libro?

Primero, descubrirás 80 recetas de repostería que te darán los elementos para experimentar y trabajar en la cocina. Enseguida, encontrarás un apartado con recetas base, donde se describen algunos de los procedimientos a los cuales se hace referencia en las 80 recetas centrales. Por ejemplo, podrás encontrar la receta base de una masa para hacer tartas. Cada vez que aparezca una referencia a cualquiera de estos procedimientos en las recetas podrás consultarlos de manera detallada en este apartado.

La sección con técnicas paso a paso te ayudará a dominar procesos importantes en la repostería. Aprenderás a temperar el chocolate, a hidratar la gelatina y a hacer deliciosos macarrones, para que llegues a ser un experto a tu ritmo.

Al final, nos concentraremos en tu negocio y en las bases para planear y operar un emprendimiento. Te llevaré de la mano con los cálculos para que aprendas a costear las recetas y también a vender tus productos. ¡Todo con el objetivo de que puedas planear tus costos a la perfección!

Además, aprenderás a cuidar tus ingredientes y productos mediante el proceso de congelación y descongelación; te hablaré de cómo tratar a los clientes y te daré varios consejos para sacar adelante esa idea que tienes en mente.

Emprender en la repostería es un viaje y si tienes este libro en las manos cuentas con un boleto para abordar. Por eso te comparto estas increíbles recetas llenas de cariño y potencial de éxito que, con tu estilo o ingrediente secreto, ¡te harán triunfar como los grandes!

¿Listo para empezar? ¡Aquí vamos!

1. ARROZ CON LECHE

Mejor que el de mi mamá

Cocer

Nivel de dificultad

① Ingredientes

- 500 g de arroz
- 2 l de leche
- 1 raja de canela
- 1 lata de leche condensada
- 1 lata de leche evaporada
- 250 g de pasas
- 2 cucharadas de ron
- Canela en polvo al gusto

Notas:

_____

_____

_____

_____

_____

_____

_____

_____

_____

_____

_____

② Procedimiento

1. Ponemos a cocer a fuego alto la leche con el arroz y la raja de canela durante 30 minutos (hasta que se cueza el arroz).
2. Pasado ese tiempo quitamos la canela y colamos la leche restante. Reservamos el arroz.
3. A continuación le agregamos a la leche del arroz la leche condensada, la leche evaporada y las pasas.
4. Ponemos la mezcla al fuego nuevamente y dejamos que hierva unos 5 minutos más, hasta que comience a espesar un poco.
5. Volvemos a integrar el arroz.
6. Antes de servirlo, lo que se hará en platos hondos, le agregamos el ron, lo revolvemos y lo espolvoreamos con la canela en polvo.

2. ALFAJORES ARGENTINOS

Batir

Hornear

Nivel de dificultad

1 Ingredientes

Para las galletas:
- 150 g de mantequilla
- 100 g de azúcar
- 5 yemas de huevo
- 2 cucharaditas de brandy
- 150 g de harina
- 1 cucharadita de polvo para hornear
- ½ cucharadita de ralladura de limón
- ⅓ de cucharadita de sal
- 250 g de maicena

Para el relleno:
- 300 g de dulce de leche espeso

Para la decoración:
- 300 g de chocolate temperado
- Coco rallado (la cantidad necesaria)

2 Procedimiento

Para las galletas:
1 Comenzamos batiendo la mantequilla con el azúcar hasta acremarla.
2 Después agregamos las yemas, una por una, hasta que se integren.
3 A continuación añadimos el brandy.
4 Cernimos todos los ingredientes secos, excepto la maicena, y los incorporamos a la mezcla de las yemas hasta obtener una masa uniforme.
5 Dejamos reposando la masa durante tres minutos en el refrigerador.
6 Pasado ese tiempo la sacamos y, después de espolvorear un poco de maicena en nuestra área de trabajo, la extendemos hasta que tenga el grosor deseado.
7 Con un cortador de galletas, cortamos la masa del tamaño que deseamos.
8 Ponemos las galletas en una charola engrasada y las horneamos a 180°C durante 12 minutos.
9 Tan pronto como haya transcurrido ese tiempo, las sacamos y dejamos que se enfríen.

Para el relleno:
10 Una vez frías, formamos el alfajor uniendo dos galletas con el dulce de leche; para ello, con ayuda de una manga, aplicamos el dulce en una galleta y la cubrimos con otra de tamaño similar.

Para la decoración:
11 Ponemos el chocolate temperado en un recipiente con la suficiente profundidad y sumergimos cada alfajor hasta la mitad.
12 Cuando hayamos terminado de sumergirlos, los ponemos en una charola y esperamos a que se seque el chocolate.
13 Cuando el chocolate se haya secado, espolvoreamos coco rallado en la parte visible del dulce de leche con el que unimos las galletas.

3. BARRITAS DE MALVAVISCO CON ARROZ

Como las de la tele

Baño María

Refrigerar

Nivel de dificultad

1 Ingredientes

Para el malvavisco:
- 3 cucharadas de grenetina
- 1 taza de agua
- 2 tazas de azúcar
- ½ cucharadita de sal
- ½ taza de jarabe de maíz
- 1 cucharada de vainilla

Para las barritas:
- 200 g de arroz inflado

2 Procedimiento

Para el malvavisco:

1 Comenzamos hidratando la grenetina con la mitad de la taza de agua. Reservamos.

2 Ponemos al fuego la otra mitad de la taza de agua mezclada con el azúcar, la sal y el jarabe de maíz para formar un jarabe, y dejamos que hierva hasta que llegue al punto de ebullición, más o menos a 153°C.

3 Fundimos la grenetina y la vertemos en la batidora; empezamos a batir y poco a poco agregamos el jarabe del paso anterior y la vainilla. Continuamos batiendo hasta que el malvavisco triplique su tamaño y adquiera una textura elástica y tersa.

4 En un molde cuadrado, que previamente habremos engrasado, vertemos el malvavisco distribuyéndolo de manera uniforme.

5 Cuando haya cuajado lo cortamos en cubos pequeños.

Para las barritas:

6 Fundimos el malvavisco en baño María y le vamos agregando el arroz inflado sin dejar de mover.

7 Vaciamos la mezcla en un molde previamente engrasado (de preferencia con aceite en aerosol) y lo ponemos a refrigerar durante una hora.

8 Pasado ese tiempo sacamos el molde y cortamos las barritas del tamaño que queramos.

4. BARRITAS ENERGÉTICAS
Para los que hacen ejercicio

Batir

Hornear

Nivel de dificultad

1 Ingredientes

- 240 g de mantequilla
- 350 g de azúcar morena
- 3 cucharadas de miel
- 450 g de avena
- 70 g de arroz inflado
- 40 g de almendras picadas
- 40 g de chocolate oscuro en trozos
- 40 g de chocolate temperado

2 Procedimiento

1 Comenzamos por engrasar una charola, que además cubrimos con papel encerado.

2 Después, en una olla, mezclamos la mantequilla, el azúcar y la miel, y ponemos a hervir la mezcla hasta que llegue al punto de ebullición.

3 Cuando llegue a ese punto agregamos la avena, el arroz inflado y las almendras, y dejamos que siga hirviendo durante otros 2 minutos.

4 Pasado ese tiempo sacamos la mezcla y la dejamos enfriar.

5 Una vez fría la vertemos sobre la charola y la extendemos cuidando que todo quede a la misma altura, lo cual podemos lograr aplanándola con una cuchara mojada en agua.

6 Cuando esté lista, la metemos a hornear durante 45 minutos a 160°C.

7 Pasado ese tiempo verificamos que la barra esté cocida y la sacamos del horno.

8 Sin sacarla del molde, y aún caliente, le espolvoreamos los trozos de chocolate para que se integren bien a ella.

9 Cuando se haya enfriado la desmoldamos y le quitamos el papel.

10 Cortamos las barritas del tamaño deseado y las ponemos a refrigerar.

11 Una vez que estén firmes, las sacamos del refrigerador y sumergimos solo la base de las barritas en el chocolate temperado.

12 Por último, las ponemos a secar en una charola.

Notas:

_____

_____

_____

_____

_____

_____

5. BLONDIES

Como los brownies pero güeros

Batir

Hornear

Nivel de dificultad

① Ingredientes

Para los blondies:
- 115 g de mantequilla
- 210 g de azúcar mascabado
- 1 cucharada de esencia de vainilla
- 30 g de agua
- 230 g de harina de trigo
- 2 huevos grandes
- 120 g de chocolate blanco fundido
- $1/2$ cucharadita de polvo para hornear
- 150 g de nueces

Para la decoración:
- 50 g de chocolate oscuro temperado
- 50 g de chocolate blanco temperado

② Procedimiento

Para los blondies:

1 Engrasamos un molde cuadrado con la mantequilla y cubrimos la base y las paredes de este con papel encerado para encamisarlo.

2 A continuación ponemos en la batidora la mantequilla, el azúcar, la vainilla y el agua, y batimos hasta que la mezcla tenga una consistencia cremosa.

3 Enseguida, sin detener la batidora pero a velocidad más baja, agregamos la harina poco a poco hasta que se integre toda.

4 Con la batidora todavía funcionando, agregamos los huevos y el chocolate blanco a la mezcla.

5 Al final agregamos el polvo para hornear y las nueces. Incorporamos bien.

6 Vertemos la mezcla en el molde que preparamos y lo metemos a hornear a 170°C durante 25 minutos, o hasta que se forme una costra agradable pero sin que se seque el centro (se puede revisar introduciendo un palillo).

7 Cuando esté listo lo sacamos del horno y lo ponemos a enfriar.

8 Una vez frío cortamos los blondies del tamaño deseado.

Para la decoración:

9 Rellenamos una manga con el chocolate oscuro y otra con el blanco.

10 Con ayuda de las mangas, dibujamos líneas delgadas de chocolate blanco y oscuro en los blondies, dejando solo una esquina descubierta.

11 Una vez que el chocolate se enfríe estarán listos para servirse.

6. BOMBAS DE CHOCOLATE

Para chopear en casa

Batir

Hornear

Nivel de dificultad

① Ingredientes

Para las bombas:
- 2 cucharadas de levadura en polvo
- 250 ml de agua
- 120 g de azúcar
- 700 g de harina
- 1 cucharada de leche en polvo
- ½ cucharadita de sal
- 135 g de mantequilla
- 4 huevos

Para la cobertura:
- ½ taza de azúcar glas
- 2 cucharadas de cocoa
- ½ taza de harina
- 95 g de mantequilla

② Procedimiento

Para las bombas:

1. Comenzamos por activar la levadura, lo cual se consigue mezclándola con el agua y una cucharada de azúcar.
2. Enseguida vertemos en la batidora la harina con el resto del azúcar, la leche en polvo, la sal, la mantequilla y los huevos, y comenzamos a mezclar, agregando poco a poco la levadura activada.
3. A continuación sacamos la mezcla de la batidora y la amasamos hasta que adquiera una consistencia lisa y firme.
4. Cuando la masa esté lista formamos una bola.
5. Engrasamos un bol en el cual metemos la bola de masa cubierta con un paño húmedo, y la dejamos fermentar durante 30 minutos.
6. Cuando la masa haya aumentado al doble de tamaño, formamos bolitas de 150 g cada una y las regresamos al bol, las volvemos a cubrir con el paño húmedo y las dejamos fermentar hasta que casi dupliquen su tamaño.

Para la cobertura:

7. Mezclamos todos los ingredientes y dejamos reposar la mezcla durante 5 minutos en el refrigerador.
8. Pasado ese tiempo, la sacamos y la extendemos hasta que se formen láminas.
9. Enseguida, cortamos las láminas en trozos del tamaño necesario para cubrir las bolitas.
10. Una vez cubiertas las bolitas, las colocamos en una charola engrasada y las horneamos durante 25 minutos a 180°C.
11. Después las sacamos del horno y las dejamos enfriar antes de servir.

7. BOMBÓN DE CAFÉ DE OLLA

Hecho en La Marquesa

Procesar

Refrigerar

Nivel de dificultad

1 Ingredientes

Para la ganache de café de olla:
- 200 ml de leche entera
- 2 cucharadas de café soluble
- 1 pizca de clavo
- $1/2$ cucharada de canela
- 1 cucharada de miel de maíz
- 400 g de chocolate de leche

Para los bombones:
- 100 g de manteca de cacao o cobertura blanca
- Pinturas liposolubles color beige y café oscuro
- Casquillos (moldes para chocolates) de la forma que se prefiera
- 200 g de chocolate de leche temperado para cubrir los bombones (ver la receta base)

2 Procedimiento

Para la ganache de café de olla:

1 Comenzamos poniendo al fuego un recipiente con la leche, el café, las especias y la miel de maíz; dejamos hervir la mezcla hasta el punto de ebullición.

2 Retiramos del fuego, vertemos la mezcla en un procesador y le agregamos el chocolate, reservando una parte para temperar.

3 Mezclamos durante 3 minutos hasta lograr una emulsión, una mezcla que en repostería se conoce como ganache (en este caso, de café de olla).

4 Dejamos reposar la ganache en refrigeración durante un día, cubierta con papel film para que no la toque el oxígeno.

Para los bombones:

5 Calentamos la manteca de cacao o cobertura blanca hasta que alcance los 30°C y la dividimos en dos partes.

6 Enseguida, con un batidor de mano o batidora, coloreamos una parte con la pintura liposoluble de color café oscuro y la otra con la de color beige, teniendo cuidado de que no le entre aire a la mezcla para que los colores se integren perfectamente.

7 Con los dedos limpios o con un pincel, dibujamos en el fondo de los casquillos tres o cuatro círculos con la manteca pintada de color café oscuro. Enseguida los cubrimos con la manteca de color beige, la cual extendemos en todo el interior del casquillo.

8 Cuando hayamos cubierto todos los casquillos los ponemos a refrigerar de 5 a 10 minutos para enfriar la cobertura.

9 Para el resto del procedimiento, consulta la receta base.

8. BOMBÓN DE LIMONARIA

Procesar   Refrigerar   Nivel de dificultad

1 Ingredientes

Para la ganache de limonaria:
- 400 ml de crema para batir
- 40 g de limonaria
- 450 g de chocolate blanco
- 20 g de mantequilla
- 1 cucharada de miel de maíz

Para los bombones:
- 100 g de manteca de cacao o cobertura blanca
- Pintura liposoluble de color verde y amarillo
- Casquillos (molde para chocolates) de la forma que se prefiera
- 200 g de chocolate de leche temperado para cubrir los bombones (ver la receta base)

2 Procedimiento

Para la ganache de limonaria:

1. Ponemos la crema con la limonaria en una olla, y la colocamos al fuego hasta que la mezcla alcance el punto de ebullición.

2. Cuando esto suceda la retiramos del fuego, vaciamos el contenido en otro recipiente de un litro y lo tapamos.

3. Reservamos esta crema en el refrigerador durante una noche.

4. Pasado ese tiempo la volvemos a calentar, pero esta vez no dejamos que hierva; en cuanto se caliente la retiramos del fuego y la colamos.

5. Enseguida la llevamos al procesador y le agregamos el chocolate blanco, la mantequilla y la miel de maíz.

6. La procesamos durante 3 minutos o hasta que se haya formado una buena ganache.

7. Vaciamos la ganache en un recipiente, la cubrimos con papel film y la dejamos reposar durante un día en el refrigerador.

8. Pasado este tiempo la sacamos y la vertemos en una manga. Reservamos.

Para los bombones:

9. Tomamos la manteca de cacao o cobertura blanca y la calentamos hasta que alcance los 30ºC.

10. Una vez que esté a dicha temperatura la separamos en tres partes (una de 50 g y dos de 25 g).

11. Con la pintura liposoluble, y con un batidor de mano o batidora, cuidando que no le entre aire para que se mezcle perfectamente, coloreamos una de las mezclas de 25 g con la pintura verde, concentrada, para obtener un tono oscuro. Coloreamos la mezcla de 50 g con menos concentración de pintura verde para obtener un tono claro, en tanto que la otra mezcla de 25 g la coloreamos con la pintura amarilla.

12. Tomamos los casquillos y, con un pincel, salpicamos el interior con puntos color verde oscuro, luego pintamos una mancha color amarillo y la difuminamos con un dedo limpio; finalmente cubrimos por completo lo anterior con la mezcla de color verde claro.

13. Enseguida ponemos los casquillos en el refrigerador de 5 a 10 minutos para enfriar la cobertura.

14. Para el resto del procedimiento, consulta la receta base.

9. BOMBÓN DE MANGO CON CHAMOY

Como los del parque

Procesar

Refrigerar

Nivel de dificultad

1 Ingredientes

Para la ganache de mango con chamoy:
- 300 g de pulpa de mango
- 70 g de chamoy
- 1 cucharada de miel de maíz
- 500 g de chocolate blanco

Para el bombón:
- 100 g de manteca de cacao o cobertura blanca
- Pintura liposoluble de color rojo y amarillo
- Casquillos (molde para chocolates) de la forma que se prefiera
- 200 g de chocolate de leche temperado para cubrir los bombones (ver la receta base)

2 Procedimiento

Para la ganache de mango con chamoy:

1 Vertemos la pulpa de mango con el chamoy y la miel en una olla y la ponemos al fuego hasta que alcance el punto de ebullición. Cuando esto suceda retiramos la mezcla del fuego y la reservamos.

2 Ponemos a fundir, en baño María, el chocolate blanco.

3 Vertemos en el procesador de alimentos el chocolate blanco fundido y la mezcla de pulpa de mango con chamoy; los trabajamos durante 5 minutos o hasta que se forme una ganache.

4 Vaciamos la ganache en un recipiente, la cubrimos con papel film y la dejamos reposar durante un día en el refrigerador.

5 Pasado este tiempo la sacamos y la vertemos en una manga. Reservamos.

Para los bombones:

6 Calentamos la manteca de cacao o cobertura blanca hasta que alcance los 30°C y la dividimos en dos partes.

7 Cuando alcance esa temperatura la retiramos del fuego y la dividimos en dos partes.

8 A continuación, con un batidor de mano o batidora, coloreamos una parte de la manteca con la pintura liposoluble roja, cuidando que no le entre aire para que se mezcle perfectamente, en tanto que a la otra la coloreamos con el amarillo.

9 Una vez preparadas las coberturas, tomamos cada uno de los casquillos y, utilizando un dedo limpio, dibujamos en el interior un rayón con la manteca de color amarillo, y sobre este ponemos una capa de manteca de color rojo que cubra todo el interior.

10 Enseguida ponemos los casquillos en el refrigerador de 5 a 10 minutos para enfriar la cobertura.

11 Para el resto del procedimiento, consulta la receta base.

10. BROWNIES
Con mucho chocolate

Batir

Hornear

Nivel de dificultad

1 Ingredientes

Para los brownies:
- 175 g de chocolate fundido
- 175 g de mantequilla fundida
- 150 g de azúcar
- 4 huevos
- 150 g de nueces troceadas
- 150 g de arándanos
- 150 g de harina
- 1 cucharada de canela en polvo
- 2 cucharadas de vainilla azucarada

Para la decoración:
- 50 g de chocolate oscuro temperado
- 50 g de chocolate blanco temperado

Notas:

_____

_____

_____

_____

_____

_____

2 Procedimiento

Para los brownies:

1 Engrasamos un molde cuadrado y cubrimos la base y las paredes de este con papel encerado para encamisarlo.

2 Enseguida agregamos todos los ingredientes en la batidora y, a velocidad baja, los mezclamos hasta integrarlos por completo.

3 Vertemos la mezcla en el molde que preparamos y lo ponemos a hornear a 170ºC durante 25 minutos, o hasta que se forme una costra agradable pero sin que se seque el centro (se puede revisar introduciendo un palillo).

4 Pasado ese tiempo lo sacamos del horno y lo ponemos a enfriar.

5 Cuando se haya enfriado cortamos los brownies del tamaño deseado.

Para la decoración:

6 Rellenamos una manga con el chocolate oscuro y otra con el blanco.

7 Después, con ayuda de las mangas, dibujamos líneas delgadas de chocolate blanco y oscuro en una esquina de los brownies.

8 Una vez que el chocolate se enfríe estarán listos para servirse.

11. BUDÍN DE NUTELLA

Procesar

Hornear

Nivel de dificultad

1 Ingredientes

Para el budín:
- 450 g de roles de canela (ver receta)
- 420 ml de leche
- 420 ml de crema para batir
- 5 huevos
- 120 g de azúcar
- 2 cucharadas de esencia de vainilla
- 2 cucharadas de maicena
- 250 g de crema de avellana casera (ver receta)

Para la decoración:
- 500 ml de vodka
- 50 g de chocolate temperado
- 25 g de cocoa

2 Procedimiento

Para el budín

1 Engrasamos un molde rectangular con la mantequilla y cubrimos la base y las paredes de este con el papel encerado.

2 A continuación cortamos en cubos los roles de canela.

3 Ponemos la leche, la crema para batir, los huevos, el azúcar, la vainilla y la maicena en la batidora y los mezclamos.

4 Enseguida hidratamos los cubos de pan poniéndolos a remojar en la mezcla anterior durante 2 horas.

5 Pasado ese tiempo usamos un procesador para mezclar los cubos de pan remojado hasta que quede una pasta fina.

6 Vertemos la mezcla en el molde que preparamos y la cubrimos con la crema de avellana casera.

7 Enseguida la ponemos a hornear a 170°C durante 40 minutos.

8 Después de ese tiempo sacamos el budín y lo dejamos enfriar.

Para la decoración:

9 Vertemos el vodka en un vaso y lo ponemos a refrigerar durante aproximadamente una hora.

10 A continuación, llenamos una manga con duya delgada con el chocolate temperado.

11 Enseguida sacamos el vodka del refrigerador y, con la manga rellena de chocolate, hacemos piruetas de chocolate que dejamos caer en el vaso con vodka hasta que lleguen al fondo.

12 En cuanto alcancen el fondo del vaso las sacamos y extendemos sobre una lámina de acetato.

13 Espolvoreamos el cacao en polvo hasta cubrirlas completamente.

14 Esperamos a que se sequen y, una vez secas, las ponemos en una orilla del budín de Nutella como decoración.

12. BUÑUELOS DE VIENTO

Cocer

Freír

Nivel de dificultad

1 Ingredientes

- 125 ml de leche
- 1 rama de canela pequeña
- 2 cáscaras de limón
- 2 piezas de anís estrella
- $\frac{1}{2}$ cucharadita de sal
- 100 g de azúcar
- 50 g de mantequilla
- 175 g de harina de trigo
- 2 huevos
- 1 l de aceite de girasol

2 Procedimiento

1. Preparamos una infusión con la leche, la canela, las cáscaras de limón y el anís estrella. Para ello vertemos todos estos ingredientes en una olla y los ponemos a hervir.

2. En cuanto la mezcla alcance el punto de ebullición, la retiramos del fuego y la colamos.

3. Posteriormente agregamos a la leche restante la sal, el azúcar y la mantequilla. La regresamos a la olla y la volvemos a calentar hasta que la mantequilla se disuelva.

4. Cuando la mantequilla se haya disuelto apagamos el fuego y agregamos toda la harina.

5. Con una pala movemos la mezcla hasta que se espese y se forme una masa homogénea, la cual se va a despegar de la olla cuando esté lista.

6. A continuación batimos el huevo y lo agregamos a la mezcla anterior, moviendo enérgicamente hasta que quede una masa firme pero con caída.

7. Cuando esté lista la vertemos en una manga con una duya gruesa. La reservamos.

8. Enseguida ponemos a calentar el aceite en una olla por separado.

9. Después, con ayuda de la manga, formamos trozos de masa de 5 cm y los pasamos primero por una mano mojada antes de ponerlos a freír en el aceite.

10. Mientras se fríen, los movemos continuamente con una cuchara larga hasta que obtengan el dorado deseado.

11. Cuando estén listos los sacamos del aceite y los rebozamos en azúcar. Se recomienda comerlos tibios.

13. CAKE POPS
Para los fresas

Batir

Refrigerar

Nivel de dificultad

① Ingredientes

Para las cake pops:
- 700 g de bizcocho de vainilla
- 100 g de azúcar glas
- 200 g de queso crema
- 20 palitos de paleta
- 1 lámina de unicel

Para la cobertura:
- 300 g de chocolate blanco temperado
- 100 g de chocolate blanco con pintura liposoluble roja
- 100 g de chocolate blanco con pintura liposoluble naranja
- 100 g de chocolate blanco con pintura liposoluble rosa

② Procedimiento

1 Ponemos el bizcocho en un tazón y lo desbaratamos perfectamente.

2 Una vez desbaratado, lo mezclamos con el azúcar glas y el queso crema hasta obtener una masa homogénea.

3 Con la masa obtenida formamos bolitas de 5 cm de diámetro y las ponemos a reposar en el refrigerador durante 30 minutos.

4 Mientras tanto, sumergimos las puntas de los palitos de paleta en el chocolate blanco temperado.

5 Pasados los 30 minutos sacamos las bolitas del refrigerador y les introducimos los palitos por la punta cubierta con el chocolate.

6 Cuando todas tengan palitos las ponemos de nuevo a refrigerar durante 10 minutos adicionales.

Para la cobertura:

7 Comenzamos por fundir y temperar todas las coberturas de chocolate.

8 A continuación ponemos en un tazón la cobertura blanca y después, con un cornete, las otras coberturas para hacer una cuadrícula con los tres colores.

9 Enseguida sumergimos las cake pops en el chocolate y al sacarlas les damos vuelta de manera que se forme un reguilete con la cobertura.

10 A medida que las vayamos sacando las vamos a ir clavando en una lámina de unicel, en donde las dejaremos hasta que se cristalicen.

14. CHEESECAKE NAVIDEÑO

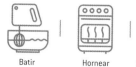

Batir Hornear Nivel de dificultad

1 Ingredientes

Para la galleta:
- 2 paquetes de galletas Oreo
- 100 g de mantequilla

Para la base de queso:
- 230 g de queso crema
- 150 g de azúcar
- 200 ml de crema para batir
- 3 huevos
- 20 g de harina

Para la decoración:
- 50 g de chocolate blanco temperado
- 100 g de piña cristalizada
- 100 g de higos cristalizados
- 70 g de cerezas marrasquino
- 80 g de nuez

2 Procedimiento

Para la costra:

1. En un procesador de alimentos molemos las galletas Oreo y las reservamos.
2. Después ponemos a fundir la mantequilla a baño María y la mezclamos con las galletas molidas hasta obtener una pasta.
3. Engrasamos un molde redondo con mantequilla.
4. Vertemos la pasta de galletas en el molde engrasado y la distribuimos de manera uniforme con una espátula, aplastándola para que la costra quede plana y compacta.

Para la base de queso:

5. Mezclamos en la batidora el queso crema, el azúcar, la crema para batir, los huevos y la harina.

6. Cuando todo se haya integrado, vaciamos la mezcla en el molde con la costra de galletas Oreo.
7. A continuación preparamos un baño María poniendo agua caliente en un molde más grande que el del cheesecake.
8. Enseguida, sobre el molde grande con agua, colocamos el molde con el cheesecake.
9. Introducimos al horno los dos moldes y dejamos que el cheesecake se hornee durante 40 minutos a 180°C.
10. Cuando esté listo, lo retiramos del horno y lo dejamos enfriar antes de desmoldarlo.

Para la decoración:

11. En una lámina de acetato vertemos el chocolate blanco temperado y hacemos una hoja de chocolate.
12. Ponemos a refrigerar la hoja de chocolate durante 5 minutos para que se endurezca ligeramente.
13. Pasado ese tiempo la sacamos y, sin despegar el chocolate del acetato, lo cortamos en tiras del tamaño que deseamos.
14. Luego torcemos la lámina de acetato en forma de espiral para que las tiras de chocolate adquieran esta forma. La sujetamos con cinta adhesiva y la reservamos hasta que el chocolate se seque completamente.
15. Mientras se secan los rizos de chocolate picamos las frutas cristalizadas.
16. Despegamos los rizos de chocolate blanco del acetato cuidadosamente y, junto con las frutas cristalizadas, los ponemos sobre el cheesecake como decoración.

15. CHEESECAKE SIN HORNO

Batir   Refrigerar   Nivel de dificultad

① Ingredientes

Para la galleta:
- 250 g de galleta molida
- 120 g de mantequilla
- 1 cucharada de azúcar glas

Para la base de queso:
- 400 g de queso crema
- 150 g de requesón
- 100 g de azúcar blanca
- 6 yemas de huevo
- 2 cucharadas de extracto de vainilla
- 150 g de claras
- 2 cucharadas de grenetina
- 200 ml de crema para batir
- 120 g de azúcar

Para la decoración:
- 100 g de chocolate temperado

② Procedimiento

Para la galleta:

1. Mezclamos la galleta molida, la mantequilla y el azúcar glas hasta formar una masa.
2. Cuando esté lista la distribuimos en la base de un molde redondo, presionándola con una cuchara para dejar una base plana.

Para la base de queso:

3. Ablandamos el queso crema.
4. Juntamos el queso ablandado con el requesón y batimos para acremar. Reservamos.
5. En la olla de inducción preparamos un baño María.
6. Ponemos en un bol de acero el azúcar, las yemas y la vainilla.
7. Colocamos el bol con los ingredientes en el baño María hasta que la mezcla alcance los 80°C; la movemos constantemente para que las yemas no se cuezan.
8. Cuando la mezcla alcance los 80°C, la retiramos del fuego, la vertemos en la batidora y batimos hasta que triplique su tamaño, el resultado será una pasta bomba.
9. Después ponemos las claras en el mismo baño María para no desperdiciar el agua, y esperamos a que alcancen los 60°C. Mientras tanto, vamos agregando poco a poco los 120 g de azúcar, mezclando continuamente para que no se cuezan las claras. El resultado será un merengue suizo que estará listo cuando ya no haya ni un solo gramo de azúcar.
10. Sacamos el merengue del baño María y seguimos batiendo hasta que se enfríe. Reservamos.
11. A continuación hidratamos la grenetina y la reservamos.
12. Vertemos la crema en la batidora y la batimos.
13. Agregamos la pasta bomba a la crema batida y seguimos batiendo hasta que se integren.
14. Enseguida fundimos la grenetina e incorporamos a la mezcla el merengue suizo, la base de queso y la grenetina hidratada.
15. Cuando todo se haya integrado vertemos la mezcla en el molde con la costra de galleta y la refrigeramos durante 2 horas.

Para la decoración:

16. Prepararemos rizos de chocolate para decorar nuestro cheesecake. Para ello, ponemos el chocolate temperado en una superficie limpia y fría hasta que se endurezca un poco.
17. Cuando se haya endurecido lo despegamos con una espátula, con un movimiento rápido de forma que se creen rizos.
18. Por último sacamos el cheesecake del refrigerador y lo decoramos con los rizos de chocolate.

16. CHICHARRONES DULCES

Baño María

Refrigerar

Nivel de dificultad

1 Ingredientes

- 50 g de manteca de cacao
- Pintura liposoluble color rosa
- 100 g de chocolate de leche temperado
- 150 g de crema de avellana casera (ver la receta)
- 150 g de crema pastelera
- 150 g de crema batida
- 5 láminas rectangulares de chicharrón
- 100 g de fresas
- 100 g de cerezas
- 100 g de moras
- 100 g de frambuesas
- 50 g de azúcar glas
- 100 g de chocolate blanco

2 Procedimiento

1 Calentamos la manteca de cacao a 30ºC.

2 Cuando alcance esta temperatura, añadimos la pintura liposoluble rosa con un batidor de mano o batidora, teniendo cuidado de que no le entre aire para que se mezcle perfectamente.

3 Tomamos la lámina de acetato y utilizando un pincel la cubrimos con la manteca rosa hasta casi llenar la superficie, pero dejando que se vean las vetas.

4 Sobre esta capa de manteca ponemos otra de chocolate temperado y cubrimos ambas con otra lámina de acetato, presionándolas hasta lograr el grosor deseado.

5 Cuando la preparación esté lista la metemos al refrigerador durante 5 minutos.

6 Pasado este tiempo la sacamos, la cortamos en cuadros y la volvemos a meter al refrigerador hasta que endurezca.

7 A continuación preparamos tres mangas con una duya grande: en una colocamos la crema de avellana, en otra la crema pastelera y en la tercera la crema batida.

8 Enseguida utilizamos las mangas para formar tirabuzones con cada una de las cremas, los cuales iremos poniendo sobre la superficie del chicharrón.

9 Después cortamos las frutas en cuartos y mitades.

10 Acomodamos los trozos de fruta sobre el chicharrón con crema y, con un cernidor, le rociamos el azúcar glas.

11 Agregamos el chocolate blanco, espolvoreándolo con un rallador.

12 Terminamos la decoración poniendo encima de todo los cuadros de chocolate rosa.

17. CHOCOLATE DE METATE
Mejor que el de Sara García

Procesar

Cocer

Nivel de dificultad

1 Ingredientes

- 500 g de cacao
- 500 g de azúcar
- 40 g de canela en rama
- 100 g de almendras
- 1 clavo de olor
- 1 l de agua

Notas:

2 Procedimiento

1. Tostamos los granos de cacao en el horno a 160ºC durante 15 minutos.
2. Una vez tostados, les quitamos la cascarilla.
3. A continuación, junto con los demás ingredientes, ponemos los granos todavía calientes en el procesador de alimentos y los trabajamos durante 15 minutos o hasta que se forme una pasta, lo que va a suceder gracias a la manteca de cacao que desprende el grano. Dejamos reposar la pasta durante una noche.
4. Pasado ese tiempo, diluimos 250 g de la pasta reposada en un litro de agua hirviendo y mezclamos.
5. Una vez que esté disuelto, lo servimos en tazas individuales o en una tetera.

18. CHURROS DE CHOCOLATE

Como los de Coyoacán

Cocer

Freír

Nivel de dificultad

① Ingredientes

- 1 ¼ tazas de agua
- 90 g de mantequilla
- 1 pizca de sal
- 2 tazas de harina cernida
- 1 cucharada de cocoa
- 2 cucharadas de azúcar
- 2 huevos
- 1 l de aceite
- 1 taza de azúcar para espolvorear
- 300 g de chocolate temperado para bañar los churros

② Procedimiento

1. En una olla ponemos a calentar el agua con la mantequilla y la sal hasta que la primera se disuelva.
2. Mientras esto sucede mezclamos la harina con la cocoa y las 2 cucharadas de azúcar.
3. Apagamos el fuego y agregamos de golpe la mezcla de harina, azúcar y cocoa; con la ayuda de una pala mezclamos hasta que todo se incorpore bien.
4. Volvemos a encender el fuego y seguimos moviendo hasta que la mezcla se despegue y se comience a caramelizar en el fondo.
5. Revolvemos los huevos en un recipiente por separado.

6. Retiramos la mezcla del fuego y agregamos los huevos que revolvimos previamente.
7. Los integramos perfectamente bien y ponemos la mezcla resultante en una manga con duya rizada.
8. Enseguida calentamos el aceite en una olla distinta hasta que alcance los 190ºC.
9. En ese momento empezamos a sacar la masa de la manga y a cortarla con unas tijeras en trozos del largo deseado, los cuales iremos poniendo a freír hasta que se doren.
10. Temperamos el chocolate en el que bañaremos los churros.
11. En cuanto el chocolate esté listo sumergimos algunos de los churros hasta la mitad.
12. Después de bañarlos, los colocamos sobre una charola cubierta con papel film y esperaremos a que se sequen.
13. Espolvoreamos los churros restantes con azúcar, así como la mitad de aquellos que sumergimos en el chocolate.

19. CONCHAS
De vainilla y chocolate

Batir

Hornear

Nivel de dificultad

① Ingredientes

Para las conchas:

- 2 cucharadas de levadura en polvo
- 120 g de azúcar
- 250 ml de agua
- 700 g de harina
- 1 cucharada de leche en polvo
- $\frac{1}{2}$ cucharadita de sal
- 135 g de mantequilla
- 4 huevos

Para la cobertura:

- $\frac{1}{2}$ taza de azúcar glas
- $\frac{1}{2}$ taza de harina
- 90 g de mantequilla
- 2 cucharadas de cocoa (para preparar conchas de chocolate)

② Procedimiento

Para las conchas:

1 Activamos la levadura mezclándola con el agua y con una cucharada del azúcar.

2 A continuación mezclamos la harina con el resto del azúcar, la leche en polvo, la sal, la mantequilla y los huevos con la batidora, y poco a poco le vamos agregando a la mezcla la levadura activada.

3 Sacamos la mezcla y la amasamos hasta que adquiera una consistencia lisa y firme.

4 Formamos una bola y la dejamos fermentar durante 30 minutos cubierta con un paño de cocina húmedo.

5 Cuando haya fermentado formamos bolitas de 150 g cada una.

6 Las cubrimos con el paño húmedo y las volvemos a poner a fermentar hasta que dupliquen su tamaño.

Para la cobertura:

7 Mezclamos todos los ingredientes y dejamos reposar la pasta resultante durante 5 minutos en el refrigerador (si queremos hacer conchas de chocolate incluimos la cocoa).

8 Pasado ese tiempo sacamos la cobertura del refrigerador, la extendemos con un rodillo, la cortamos en círculos del tamaño indicado para la masa y los utilizamos para cubrir las bolitas fermentadas, marcando las líneas características de las conchas con el molde que se usa para ese fin o con un cuchillo.

9 Cuando hayamos terminado de decorarlas, las colocamos sobre una charola engrasada y las metemos a hornear durante 25 minutos a 180°C.

10 Pasado ese tiempo las sacamos del horno y, todavía tibias, las servimos.

20. CREMA DE AVELLANA

Procesar

Envasar

Nivel de dificultad

1 Ingredientes

- 300 g de avellanas tostadas
- 45 g de cocoa en polvo
- 2 cucharadas de aceite de girasol
- 1 cucharada de vainilla líquida
- 1 pizca de sal

Notas:

_____

_____

_____

_____

_____

_____

_____

_____

_____

2 Procedimiento

1. Preparamos la crema moliendo las avellanas tostadas en un procesador de alimentos hasta que suelten los aceites esenciales.

2. A continuación agregamos al procesador la cocoa, el aceite, la vainilla y la pizca de sal, y procesamos 3 veces más.

3. Cuando hayamos terminado de mezclar envasamos la crema de avellana en un frasco de vidrio y la guardamos en el refrigerador.

21. CREMA DE CHOCOLATE CON CAFÉ

Procesar

Envasar

Nivel de dificultad

1 Ingredientes

- 400 ml de crema para batir
- 60 g de mantequilla en cubos
- 1 pizca de sal
- 500 g de chocolate negro fundido
- 2 cucharadas de café soluble

Notas:

_____

_____

_____

_____

_____

_____

_____

_____

_____

_____

_____

2 Procedimiento

1 Ponemos en el procesador la crema para batir, la mantequilla, la sal y el chocolate y mezclamos todo durante 1 minuto.

2 Pasado ese tiempo dejamos de procesar y con una espátula miserable bajamos toda la mezcla hasta el fondo del procesador.

3 Agregamos el café soluble y trabajamos la mezcla durante unos segundos más.

4 Por último envasamos la crema de chocolate con café en un frasco de vidrio y la ponemos a refrigerar.

22. CREMA QUEMADA DE VAINILLA

La prima de la jericalla

Cocer

Flamear

Nivel de dificultad

1 Ingredientes

- 1.5 l de crema para batir
- 175 g de azúcar
- 2 vainas de vainilla
- $\frac{1}{2}$ cucharadita de extracto de vainilla
- 5 g de grenetina en polvo
- 15 g de maicena
- 9 yemas de huevo
- 50 g de azúcar mascabado
- Soplete de gas butano
- Ramequines o flaneras poco profundas

Notas:

2 Procedimiento

1 En una olla ponemos a calentar a fuego medio la crema para batir; cuando esté tibia añadimos el azúcar, las vainas de vainilla y el extracto de vainilla, moviendo constantemente para que todo se integre bien. Dejamos que hierva hasta que alcance los 76°C.

2 Hidratamos la grenetina y la dejamos reposar.

3 En un recipiente mezclamos la maicena con las yemas; agregamos esta mezcla a la crema, moviendo enérgicamente, y dejamos que siga hirviendo hasta que alcance los 86°C.

4 Fundimos la grenetina hidratada.

5 Retiramos la crema del fuego y la mezclamos con la grenetina fundida.

6 Pasamos la mezcla por un colador para obtener una consistencia más tersa.

7 Vaciamos la mezcla sobre unos ramequines o flaneras poco profundas y espolvoreamos cada una con 2 cucharadas de azúcar mascabado.

8 Finalmente, con ayuda del soplete, quemamos la cubierta de la crema hasta formar una costra con el azúcar espolvoreado.

23. CREMOSO DE TAMARINDO
Acapulqueño

Licuar

Refrigerar

Nivel de dificultad

1 Ingredientes

- 350 g de pulpa de tamarindo
- 1 taza de leche
- 1 ½ cucharadas de extracto de vainilla
- 2 cucharadas de ralladura de limón
- ½ taza de azúcar
- 2 cucharadas de grenetina en polvo
- 2 tazas de crema para batir
- Íntimos de Que Bo! (Los pueden comprar en la chocolatería de JoseRa. Las grageas de la colección incluyen, entre otras, de almendra con cardamomo, de cacahuate japonés con limón, de cereal o palomita acaramelada).

2 Procedimiento

1 Licuamos la pulpa de tamarindo con la leche, la vainilla, la ralladura de limón y el azúcar.

2 Ponemos a hervir la mezcla en una olla hasta que alcance el punto de ebullición. Cuando esto suceda, la retiramos del fuego.

3 A continuación hidratamos la grenetina con agua y, cuando esté lista, la fundimos.

4 La agregamos a la mezcla del tamarindo y revolvemos para que se integre bien.

5 La dejamos reposar hasta que llegue a la temperatura ambiente.

6 En un recipiente aparte, semibatimos la crema y la integramos de forma envolvente a la mezcla de tamarindo.

7 Elegimos los recipientes en donde vamos a vaciar la mezcla y los aceitamos.

8 Vertemos la mezcla en los moldes previamente aceitados y los ponemos a refrigerar hasta que adquieran la consistencia adecuada.

9 Cuando esto suceda los sacamos del refrigerador y los adornamos con los Íntimos de Que Bo!

24. DONAS INFALIBLES

Batir

Freír

Nivel de dificultad

1 Ingredientes

Para las donas:
- 16 g de levadura
- 250 ml de leche tibia
- 100 g de azúcar
- 3 huevos
- 130 g de mantequilla
- 600 g de harina
- 2 l de aceite

Para el glaseado:
- 1 taza de azúcar glas
- ½ taza de agua
- Gotas de limón al gusto (para bajar el dulzor)

2 Procedimiento

Para las donas:

1 Activamos la levadura mezclándola con la leche y el azúcar.

2 Después, incorporamos la harina con la levadura activada y los huevos en la batidora.

3 Sacamos la mezcla y la amasamos hasta que adquiera una consistencia homogénea.

4 Formamos una bola con la masa y la dejamos fermentar en un lugar cálido, cubierta con un trapo húmedo, hasta que doble su tamaño.

5 Cuando su tamaño se haya duplicado, la ponchamos para sacarle el aire y la volvemos a amasar.

6 A continuación, cortamos las donas del tamaño que deseamos y nuevamente las ponemos a fermentar, cubiertas con el trapo húmedo hasta que dupliquen su tamaño.

7 Enseguida calentamos el aceite en una olla hasta que alcance una temperatura muy caliente.

8 Freímos las donas hasta que el exterior adquiera un agradable color dorado.

9 Una vez que estén doradas las sacamos y las ponemos sobre papel absorbente para quitarles el exceso de aceite.

Para el glaseado:

10 Disolvemos el azúcar glas en el agua y agregamos unas gotas de limón al gusto para disminuir el dulzor.

11 Por último bañamos las donas con el glaseado, solo en una de sus caras, y las dejamos secar.

25. DULCE DE LECHE
Como el argentino

Cocer

Envasar

Nivel de dificultad

1 Ingredientes

- 1 l de leche
- 350 g de azúcar
- 1 cucharada de extracto de vainilla
- ½ cucharadita de bicarbonato de sodio

Notas:

_____
_____
_____
_____
_____
_____
_____
_____
_____
_____

2 Procedimiento

1 Ponemos a hervir la leche con el azúcar.
2 La retiramos del fuego y le agregamos el extracto de vainilla y el bicarbonato de sodio.
3 La volvemos a poner al fuego y dejamos que hierva durante otros 20 minutos. En este tiempo empezará a adquirir el color característico del dulce de leche, así que es importante no dejar de moverlo.
4 La cocción tomará aproximadamente una hora y cuarenta minutos.
5 Pasado ese tiempo retiramos el dulce del fuego y lo envasamos en un frasco de vidrio.
6 Esperamos a que se enfríe y lo guardamos en el refrigerador hasta que llegue el momento de ocuparlo.

26. ESENCIA DE VAINILLA NATURAL*

¡Ya no la compren!

Cocer

Macerar

Nivel de dificultad

① Ingredientes

- 500 ml de agua
- 300 g de azúcar
- 1 vaina de vainilla natural
- 7 vainas de vainilla ya usadas (sin semillas)
- 1 botella de vidrio con tapa
- 250 ml de ron

Notas:

_____

_____

_____

_____

_____

_____

_____

_____

_____

_____

② Procedimiento

1 En una olla calentamos el agua y vertemos el azúcar, mezclando hasta que se disuelva completamente para formar un jarabe.

2 Retiramos la olla del fuego y esperamos a que se enfríe la mezcla.

3 Abrimos la vaina de vainilla fresca y junto con las ya usadas la colocamos en una botella de vidrio.

4 Agregamos el ron a la botella y lo mezclamos bien con las vainas.

5 A continuación vertemos el jarabe y dejamos macerar la mezcla durante 3 días hasta que cambie de color. Una vez que esto suceda, estará lista para utilizarse.

6 Para conservar la esencia de manera adecuada, la guardamos a temperatura ambiente en un lugar oscuro y fresco.

*En la mayoría de las recetas se usa el extracto de vainilla químico; dos cucharadas (30 ml) del extracto químico equivalen a ½ cucharada (6.5 ml) de esta esencia de vainilla.

27. ESPONJOSOS DE RON

Mejor que los borrachitos

Hornear

Refrigerar

Nivel de dificultad

① Ingredientes

Para los esponjosos:
- 250 ml de leche tibia
- 10 g de levadura seca
- 2 huevos
- 90 g de mantequilla fundida
- 1 cucharadita de sal
- 100 g de azúcar refinada
- 3 ½ tazas de harina

Para el jarabe:
- 100 ml de agua
- 100 g de azúcar
- 50 ml de ron

② Procedimiento

Para los esponjosos:

1 Mezclamos en la batidora la leche con la levadura, los huevos, la mantequilla, la sal y el azúcar.

2 Agregamos la harina a la mezcla anterior y con el aditamento de gancho de la batidora la amasamos hasta que adquiera una consistencia homogénea.

3 Sacamos la masa y formamos una bola.

4 Engrasamos un bol, colocamos en él la bola de masa cubierta con un trapo de cocina húmedo y dejamos que se fermente hasta que duplique su tamaño.

5 En cuanto la masa doble su tamaño la ponchamos para sacarle el aire y formamos pequeñas bolitas de 25 g.

6 Cubrimos las bolitas con el trapo de cocina húmedo y nuevamente las dejamos fermentar durante 25 minutos.

7 Colocamos las bolitas en una charola engrasada y las horneamos a 180°C durante 12 minutos.

8 Pasado ese tiempo dejamos enfriar sobre una rejilla.

Para el jarabe:

9 Ponemos a calentar el agua y le vamos agregando el azúcar poco a poco para que se diluya. Antes de que hierva le agregamos el ron y revolvemos bien. Retiramos del fuego.

10 Los esponjosos se degustarán mojados en el ron, así que se deben servir junto con el jarabe.

28. FLAN DE CHOCOLATE

Para el mal de amores

Licuar

Hornear

Nivel de dificultad

1 Ingredientes

Para el caramelo, ver la receta base.
Para el flan:

- 250 g de queso crema
- 1 lata de leche evaporada
- 1 lata de leche condensada
- 5 huevos
- 50 ml de esencia de vainilla
- 60 g de cocoa
- 1 molde circular mediano

Para la decoración:

- 100 g de chocolate temperado

2 Procedimiento

Para el caramelo, ver la receta base.
Para el flan:

1. Licuamos todos los demás ingredientes y vaciamos la mezcla sobre el caramelo.

2. Tapamos el molde con papel aluminio asegurándonos de que esté perfectamente sellado; de lo contrario, se corre el riesgo de que le entre vapor a la mezcla y se eche a perder el flan.

3. Vertemos agua caliente en un molde más grande que el del flan y, sobre este, colocamos el molde con la mezcla. Lo horneamos en baño María a 180°C durante 45 minutos.

4. Pasado ese tiempo lo sacamos del horno y, sin retirar el papel aluminio, lo dejamos enfriar.

Para la decoración:

5. Rellenamos con el chocolate una manga con duya pequeña.

6. Con la manga, y sobre una lámina de acetato, dibujamos unos círculos rellenos y otros solo con hilos entrelazados. Ponemos encima otra lámina de acetato y presionamos ligeramente.

7. Metemos nuestras figuras de chocolate al refrigerador hasta que se endurezcan.

8. Cuando se hayan endurecido, las sacamos, las desprendemos cuidadosamente del acetato y las reservamos.

9. Retiramos el papel aluminio del flan y lo volteamos sobre un plato.

10. Por último, lo decoramos con los círculos de chocolate, los cuales clavaremos en desorden sobre el flan.

29. FLAN DE GUAYABA

Batir   Hornear   Nivel de dificultad

1 Ingredientes

Para el caramelo, ver la receta base.
Para el flan:

- 250 g de guayabas en almíbar
- 250 g de queso crema
- 1 lata de leche evaporada
- 1 ½ latas de leche condensada
- 5 huevos
- 3 yemas de huevo
- 50 ml de esencia de vainilla
- Colorante rojo

Para la decoración:

- 1 guayaba
- 75 g de chocolate temperado
- 30 g de manteca de cacao
- Pinturas liposolubles de color verde, rojo y rosa

2 Procedimiento

Para el caramelo, ver la receta base.
Para el flan:

1 Licuamos todos los ingredientes y los colamos dos veces. Si lo consideramos necesario, agregamos unas gotitas de colorante rojo para conseguir el tono rosado.

2 Vertemos la mezcla sobre la capa de caramelo.

3 Tapamos el molde con papel aluminio, teniendo cuidado de sellarlo perfectamente para que no le entre vapor, ya que echaría a perder el flan.

4 Vertemos agua caliente en un molde más grande que el del flan y, sobre este, colocamos el molde con la mezcla. Lo metemos al horno en baño María a 180°C durante 45 minutos.

5 Pasado ese tiempo lo sacamos del horno y esperamos a que se enfríe sin retirar el papel aluminio.

Para la decoración:

6 Lavamos la guayaba, le quitamos los extremos y la cortamos en cuatro partes.

7 Calentamos la manteca de cacao hasta que alcance los 30°C.

8 Cuando llegue a esta temperatura la dividimos en tres partes iguales, y con la ayuda de un batidor de mano o batidora, cuidando de no meterle aire para que se mezcle perfectamente, coloreamos cada parte de la manteca con la pintura liposoluble de color verde, rojo y rosa respectivamente.

9 En una lámina de acetato pintamos líneas anchas de cada color separadas por espacios, también anchos, entre una y otra.

10 Las cubrimos con el chocolate temperado y aplanamos ambas capas con una espátula.

11 Cerramos la lámina de acetato formando un círculo, asegurándonos de unir los extremos de chocolate para que se forme un aro. Cubrimos el círculo con otra lámina de acetato.

12 Introducimos el círculo en un tubo de PVC limpio y lo ponemos a refrigerar durante 10 minutos. Enseguida retiramos las láminas de acetato para descubrir los tres aros de chocolate de diferentes colores.

13 Desmoldamos el flan en un plato y le ponemos encima el primer círculo de chocolate.

14 Con ayuda de un cerillo o encendedor, fundimos ligeramente un lado del siguiente círculo y lo pegamos al primero en forma inclinada; lo mismo hacemos con el tercero.

15 Terminamos la decoración poniendo dos rebanadas de guayaba dentro de los aros.

30. FLAN DE QUESO

Batir   Hornear   Nivel de dificultad

1 Ingredientes

Para el caramelo, ver la receta base.
Para el flan:

- 350 g de queso crema
- 1 lata de leche evaporada
- 1 lata de leche condensada
- 5 huevos
- 50 ml de esencia de vainilla

Para la decoración:

- 100 g de chocolate blanco temperado
- 10 g de manteca de cacao o cobertura blanca
- Pinturas liposolubles de color verde y amarillo

2 Procedimiento

Para el caramelo, ver la receta base.
Para el flan:

1. Licuamos todos los ingredientes y los vertemos en el molde sobre el caramelo.
2. Tapamos el molde con papel aluminio, teniendo cuidado de sellarlo perfectamente para que no le entre vapor, ya que echaría a perder el flan.
3. Vertemos agua caliente en un molde más grande que el del flan y, sobre este, colocamos el molde con la mezcla. Lo ponemos a cocer en baño María a 180°C durante 45 minutos.
4. Pasado ese tiempo lo sacamos del horno y esperamos a que se enfríe sin quitarle el papel aluminio.

Para la decoración:

5. Temperamos el chocolate blanco y lo coloreamos con la pintura liposoluble verde.
6. Tomamos una manga, la rellenamos con este chocolate y la reservamos.
7. A continuación calentamos la manteca de cacao hasta que alcance los 30°C y la coloreamos con la pintura liposoluble amarilla; la integramos con un batidor de mano o batidora, sin meterle aire para que se mezcle perfectamente.
8. En una lámina de acetato dejamos caer unas gotas de la manteca y sobre ellas hacemos círculos con el chocolate.
9. Ponemos otra lámina de acetato encima y aplastamos ligeramente.
10. Refrigeramos la preparación hasta que se endurezca.
11. Cuando los círculos estén duros, los sacamos y los despegamos del acetato.
12. Por último desmoldamos el flan, lo cortamos en rebanadas y las decoramos con dos círculos de chocolate cada una.

31. FLORES DE MERENGUE
Gasnatero

Batir

Hornear

Nivel de dificultad

1 Ingredientes

- 200 g de clara de huevo
- 1 cucharadita de cremor tártaro
- 180 g de azúcar refinada
- 100 g de chocolate oscuro temperado

Notas:

2 Procedimiento

1 Vertemos las claras con el cremor tártaro en la batidora y las mezclamos a velocidad baja.

2 Cuando adquieran un aspecto jabonoso aumentamos la velocidad y empezamos a agregar poco a poco el azúcar.

3 Continuamos batiendo hasta que la mezcla esté brillante y haya incrementado su tamaño. Para asegurarnos de que ya no haya cristales de azúcar, tocamos la mezcla poniéndola entre los dedos índice y pulgar; si aún se sienten cristales, batimos otro poco.

4 Cuando la mezcla esté lista, rellenamos con ella una manga con la duya que se prefiera.

5 Preparamos una charola cubierta con papel encerado, y con la manga rellena de la mezcla que teníamos reservada, vamos formando capullos de flor sobre la charola.

6 Cuando estén listos, los ponemos a hornear a 150ºC durante 25 minutos.

7 Pasado ese tiempo apagamos el horno, pero dejamos los merengues adentro hasta que se enfríen totalmente.

8 Una vez fríos, sumergimos la mitad de cada merengue en el baño de chocolate temperado y ponemos a secar hasta que se cristalicen.

32. FRUITCAKE
Para vender en Navidad

Batir

Hornear

Nivel de dificultad

① Ingredientes

- 1 taza de brandy
- 250 g de azúcar mascabado
- 350 g de mantequilla
- ½ taza de azúcar
- 4 huevos
- ½ cucharada de polvo para hornear
- 2 tazas de harina
- 1 cucharada de extracto de vainilla
- 100 g de nueces picadas (unas piezas más para decorar)
- 100 g de almendras picadas (unas piezas más para decorar)
- 100 g de avellanas picadas (unas piezas más para decorar)
- 100 g de arándanos (unas piezas más para decorar)
- 100 g de dátiles (unas piezas más para decorar)
- 100 g de cerezas marrasquino (unas piezas más para decorar)
- 100 g de uvas pasas doradas (unas piezas más para decorar)

② Procedimiento

1. Mezclamos el brandy con el azúcar mascabado hasta que se disuelvan todos los cristales; ponemos a hidratar los frutos secos en él.
2. Mientras tanto, en la batidora, acremamos la mantequilla con el azúcar y le vamos incorporando los huevos uno a uno hasta tener una pasta homogénea.
3. En un recipiente aparte, mezclamos el polvo para hornear con la harina y la agregamos gradualmente a la mezcla anterior sin dejar de batir.
4. Apagamos la batidora, drenamos los frutos secos y los vertemos a la mezcla, moviéndola con una pala para integrar todo.
5. Engrasamos un molde y cubrimos las paredes y el fondo de este con papel encerado.
6. Vertemos la mezcla en el molde y la ponemos a hornear a 160°C durante 45 minutos.
7. Pasado ese tiempo sacamos el pastel del horno y lo bañamos con el líquido drenado de los frutos secos.
8. Esperamos a que se enfríe y lo decoramos con las piezas extras de los frutos secos cortadas toscamente.

33. GALLETAS DE JENGIBRE

Para los peques

Batir

Hornear

Nivel de dificultad

1 Ingredientes

Para las galletas:

- 400 g de mantequilla
- 250 g de azúcar morena
- 2 huevos huevo
- 1 yema de huevo
- 500 g de harina
- 1 cucharada de jengibre en polvo
- 1 cucharada de extracto de vainilla

Para la decoración:

- 200 g de fondant líquido blanco
- 200 g de fondant líquido de un color parecido a la galleta
- 100 g de fondant líquido rojo
- 100 g de fondant líquido verde
- 100 g de granillo de colores
- 100 g de perlas negras medianas
- 100 g de perlas doradas diminutas
- 1 plumón comestible negro
- 1 cortador de galleta en forma de niño

2 Procedimiento

Para las galletas:

1. En la batidora acremamos la mantequilla con el azúcar morena hasta blanquearla; posteriormente, agregamos los huevos y la yema. Enseguida añadimos la harina, cucharada a cucharada, a velocidad baja, así como el jengibre y el extracto de vainilla. Incorporamos hasta tener una masa homogénea.

2. Dejamos reposar la masa en el refrigerador durante 30 minutos.

3. Pasado ese tiempo la extendemos y la volvemos a refrigerar durante 30 minutos adicionales.

4. Posteriormente, la sacamos y la cortamos con el cortapastas dándole forma de niño.

5. Ponemos a reposar las figuras en una charola a temperatura ambiente.

Para la decoración:

6. Con el fondant líquido color galleta, cubrimos completamente los muñequitos y los dejamos secar.

7. Cuando se hayan secado, los decoramos al gusto con el fondant de colores, el granillo y las perlas doradas; dibujamos la boca y las pestañas con el plumón y usamos las perlas negras para los ojos.

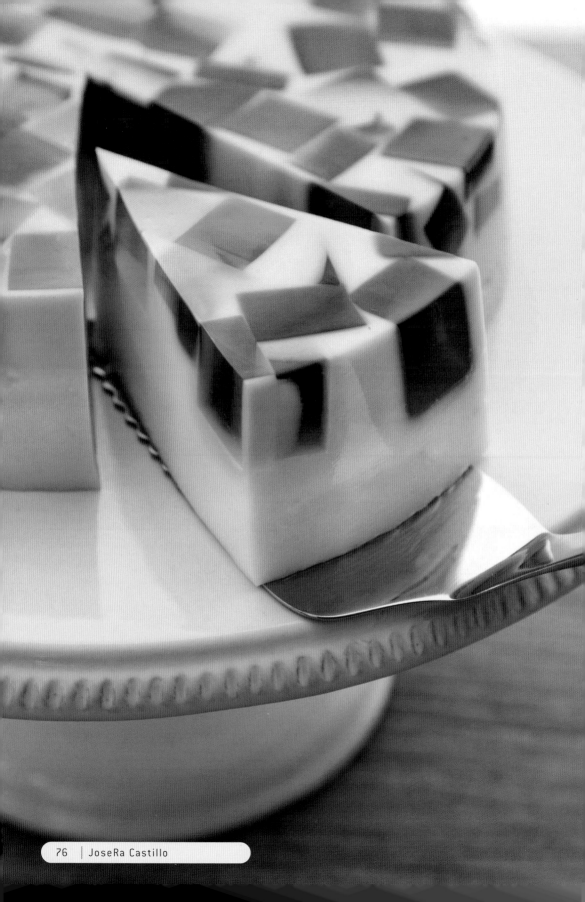

34. GELATINA MOSAICO
Para el fin de semana

Refrigerar

Cortar

Nivel de dificultad

1 Ingredientes

Para la base de fresa en pulpa:
- 1 ½ cucharadas de grenetina
- 350 g de pulpa de fresas
- 450 ml de jarabe neutro

Para la base de mango en pulpa:
- 1 ½ cucharadas de grenetina
- 350 g de pulpa de mango
- 450 ml de jarabe neutro

Para la base de mora en pulpa:
- 1 ½ cucharadas de grenetina
- 350 g de pulpa de mora
- 450 ml de jarabe neutro

Para la base de leche:
- 270 ml de leche entera
- 1 rama de canela
- 1 vaina de vainilla
- 270 ml de leche condensada
- 270 ml de leche evaporada
- 1 cucharada de grenetina

2 Procedimiento

Para la base de fresa:

1 Hidratamos la grenetina, la fundimos y la mezclamos perfectamente bien con la pulpa y el jarabe.

2 La vertemos en un molde o recipiente y la dejamos reposar durante una hora en el refrigerador.

Para la base de mango:

3 Hidratamos la grenetina, la fundimos y la mezclamos perfectamente bien con la pulpa y el jarabe.

4 La vertemos en un molde o recipiente y la dejamos reposar durante una hora en el refrigerador.

Para la base de mora:

5 Hidratamos la grenetina, la fundimos y la mezclamos perfectamente bien con la pulpa y el jarabe.

6 La vertemos en un molde o recipiente y la dejamos reposar durante una hora en el refrigerador.

Para la base de leche:

7 Calentamos la leche con la canela y la vainilla en una olla hasta que alcance el punto de ebullición.

8 Retiramos la mezcla del fuego y agregamos la leche condensada y la evaporada.

9 Hidratamos la grenetina, la fundimos, la vertemos a lo anterior y la mezclamos bien con la base de leche.

10 Reservamos la base hasta que esté a temperatura ambiente para proceder al montaje.

Para el montaje:

11 Cortamos las gelatinas de base frutal en cuadros de 3 cm.

12 Aceitamos el molde, acomodamos los cuadros y los revolvemos para que se mezclen todos los colores.

13 Cubrimos con la base de leche a temperatura ambiente el molde con la mezcla de cuadros de colores.

14 Introducimos el molde al refrigerador y lo dejamos reposar durante 4 horas.

15 Pasado ese tiempo lo sacamos y lo desmoldamos.

35. GRANOLA
Para el desayuno

Hornear

Envasar

Nivel de dificultad

① Ingredientes

- 180 g de avena
- 30 g de pasas
- 30 g de pepitas
- 30 g de nueces
- 30 g de arándanos
- 30 g de amaranto
- 30 g de pistaches
- 30 g de cacahuates
- 100 g de miel

② Procedimiento

1. Mezclamos todos los ingredientes.
2. Cubrimos una charola con papel encerado y los esparcimos en ella.
3. Los ponemos a hornear a 180°C durante 15 minutos.
4. Pasado ese tiempo los sacamos y los envasamos en un frasco de vidrio.

Notas:

_____
_____
_____
_____
_____
_____
_____
_____

36. JALEA DE MANDARINA

Para la ofrenda

Cocer

Envasar

Nivel de dificultad

1 Ingredientes

- 850 ml de jugo de mandarina
- 200 ml de agua
- 700 g de azúcar
- 1 ½ cucharadas de pectina cítrica
- 1 cucharada de jugo de limón

Notas:

2 Procedimiento

1 En una olla ponemos a hervir el agua y el jugo de mandarina hasta que alcancen el punto de ebullición.

2 Agregamos el azúcar y la pectina, y mezclamos bien con un batidor de globo.

3 Cuando comience de nuevo a hervir bajamos el fuego y dejamos que la jalea se siga cociendo durante 15 minutos.

4 Pasado ese tiempo le agregamos el jugo de limón y la dejamos hervir de 7 a 9 minutos más.

5 Finalmente la retiramos del fuego y la guardamos en frascos y recipientes esterilizados.

37. LECHE FRITA
Adictiva

Congelar

Freír

Nivel de dificultad

1 Ingredientes

- 1 l de leche entera
- 350 g de azúcar
- 1 cucharada de vainilla
- 7 yemas de huevo
- 100 g de maicena
- 1 l de aceite
- 2 huevos
- 1 taza de azúcar para cubrir la leche frita
- 1 cucharada de canela en polvo

Notas:

2 Procedimiento

1 En una olla ponemos a hervir la mitad de la leche con los 350 g de azúcar y la vainilla hasta el punto de ebullición.

2 Mezclamos las yemas con la maicena y el resto de la leche y las agregamos a la que ya está hirviendo, moviéndola con una pala para que no se pegue; la dejamos cocer hasta que se ponga muy espesa.

3 Engrasamos un molde, vertemos la mezcla en él, lo cubrimos con papel film y lo ponemos a congelar durante 3 horas.

4 Pasado ese tiempo sacamos la mezcla de leche congelada y la cortamos en trozos del tamaño deseado.

5 Pasamos los trozos por maicena, huevo y nuevamente por maicena y los sometemos a fritura profunda, a 170ºC.

6 Cuando tomen un tono ligeramente dorado, los sacamos del aceite y los ponemos a escurrir para retirar el exceso.

7 Mezclamos la taza de azúcar con la canela en un recipiente y en cuanto se hayan escurrido, los revolcamos en esta mezcla.

38. LICOR DE CAFÉ
De mi abuelo

Macerar

Envasar

Nivel de dificultad

1 Ingredientes

- 200 g de granos de café tostado
- 1 rama de canela pequeña
- 1 vaina de vainilla
- 500 ml de vodka
- 300 ml de jarabe neutro
- 1 filtro de café
- 1 frasco de vidrio

Notas:

_____

_____

_____

_____

_____

_____

_____

_____

_____

2 Procedimiento

1 En un frasco limpio vertemos los granos de café tostado.

2 Agregamos la rama de canela, la vainilla abierta y el vodka.

3 Cerramos el frasco perfectamente bien y le ponemos una etiqueta con la fecha de elaboración.

4 Lo ponemos en un lugar fresco y a la sombra durante 10 días para macerar los ingredientes (para obtener una buena retención de sabor le vamos a dar la vuelta al frasco todos los días).

5 Una vez pasado el tiempo de maceración, pasamos la mezcla por un filtro de café y le agregamos el jarabe.

6 Lo envasamos en una botella, la cerramos y le ponemos una etiqueta con el nombre.

7 Antes de beberlo o usarlo en otras preparaciones lo dejamos reposar durante una semana.

39. LICOR DE HIERBAS
Para después de comer

Macerar

Envasar

Nivel de dificultad

① Ingredientes

- 50 g de cedrón seco
- 100 g de limonaria seca
- 50 g de hierbabuena seca
- 50 g de manzanilla seca
- 50 g de albahaca seca
- 1 rama de canela
- 2 clavos de olor
- 500 ml de vodka
- 500 ml de jarabe neutro
- 1 frasco de vidrio
- 1 filtro para café

② Procedimiento

1 Vertemos el vodka en un frasco y le agregamos las hierbas sin ramas.
2 Cerramos el frasco, lo agitamos y lo ponemos a reposar en un lugar fresco y a la sombra durante una semana.
3 Pasado ese tiempo colamos el vodka con la ayuda de un colador y lo volvemos a colar con un filtro para café.
4 Le agregamos el jarabe, lo envasamos en una botella, agitamos la mezcla y la ponemos a reposar durante tres días más antes de beberlo o usarlo en alguna preparación.

Notas:

_____

_____

_____

_____

_____

_____

_____

_____

40. LICOR DE MANZANA
Muy aromático

Cortar

Macerar

Nivel de dificultad

1 Ingredientes

- 200 ml de agua
- 200 ml de azúcar
- 2 manzanas
- 1 rama de vainilla
- 500 ml de vodka
- 1 filtro para café
- 2 pinzas para ropa
- 2 frascos de vidrio

Notas:

_____

_____

_____

_____

_____

_____

_____

_____

_____

_____

2 Procedimiento

1. Disolvemos el agua con el azúcar y la ponemos a hervir hasta el punto de ebullición.
2. Retiramos la mezcla del fuego y esperamos a que se enfríe.
3. Lavamos las manzanas y las secamos perfectamente con papel absorbente.
4. Retiramos la base y la tapa de las manzanas con la ayuda de un cuchillo, y las cortamos en cuarterones eliminando las semillas.
5. En un frasco de vidrio limpio colocamos los cuarterones de manzana.
6. Limpiamos la vaina de vainilla y la agregamos al frasco.
7. Llenamos el frasco con el vodka, lo agitamos y lo cerramos perfectamente.
8. Lo ponemos en un lugar oscuro y fresco durante 15 días, moviéndolo a diario para lograr una buena maceración.
9. Pasado ese tiempo colamos la mezcla con un filtro para café, el cual fijamos al frasco vacío con unas pinzas de ropa (para evitar que se derrame el líquido).
10. A continuación ponemos en el filtro una cantidad de jarabe igual a la cantidad de macerado de manzana.
11. Una vez que se haya acabado de filtrar el licor, quitamos el filtro con los cuarterones de manzana y dejamos reposar el líquido otros tres días más antes de beberlo o usarlo en alguna preparación.

41. LICOR DE NARANJA
Para el verano

Cortar

Macerar

Nivel de dificultad

① Ingredientes

- 2 naranjas
- 500 ml de vodka
- 1 grano de café
- 1 rama pequeña de canela
- 1 clavo de olor
- 300 ml de jarabe neutro
- 1 filtro para café
- 1 frasco de vidrio

Notas:

_____

_____

_____

_____

_____

_____

_____

_____

_____

_____

② Procedimiento

1 Lavamos y secamos perfectamente las naranjas.

2 Después les quitamos la piel con un cuchillo cuidando eliminar bien la parte blanca.

3 Blanqueamos las pieles de naranja pasándolas rápidamente, unos 30 segundos, por agua muy caliente y luego por agua fría para detener la cocción. Además de intensificar el color, esto realza los sabores.

4 Ponemos las cáscaras en el interior del frasco de vidrio y agregamos el vodka, el café, la canela y el clavo.

5 Cerramos el frasco, le pegamos una etiqueta con la fecha de envasado y ponemos a macerar la mezcla en un lugar oscuro y fresco por 30 días.

6 Durante ese tiempo la agitamos cada 5 días y anotamos en la etiqueta las fechas en que lo hacemos para llevar el control.

7 Pasados los 30 días colamos la mezcla con el filtro para café y a la cantidad de líquido resultante le agregamos la misma cantidad de jarabe neutro frío.

8 Mezclamos bien el licor y lo dejamos reposar otros tres días más antes de beberlo o usarlo en alguna preparación.

42. MACARRÓN DE CHOCOLATE
Muy fácil de hacer

Procesar

Hornear

Nivel de dificultad

1 Ingredientes

Para el macarrón, ver la receta base.
- 7 gotas de colorante café

Para la ganache de chocolate:
- 230 ml de crema para batir
- 1 pizca de sal
- 1 cucharada de glucosa
- 300 g de chocolate de leche
- 70 g de mantequilla

Notas:

_____

_____

_____

_____

_____

_____

_____

_____

2 Procedimiento

Para el macarrón, ver la receta base.

1 A la receta base se le agregan las gotas de colorante café.

Para la ganache:

2 Ponemos a calentar la crema con la sal y la glucosa hasta que alcance el punto de ebullición.

3 Retiramos la mezcla del fuego, le agregamos el chocolate y la trabajamos en el procesador durante 1 minuto. Al mismo tiempo, le vamos añadiendo la mantequilla en cubos hasta obtener una ganache bien emulsionada.

4 Dejamos reposar la ganache hasta que llegue a temperatura ambiente.

5 Cuando esté lista rellenamos con ella una manga.

6 Untamos una de las tapas del macarrón con la ganache y la cerramos con otra de tamaño similar.

7 Cuando terminamos de preparar todos los macarrones, los ponemos a refrigerar hasta el momento en que se vayan a comer.

43. MACARRÓN DE FRAMBUESA

Fresca

Procesar

Hornear

Nivel de dificultad

1 Ingredientes

*Para el macarrón, ver
la receta base.*

- 7 gotas de colorante rojo

Para la ganache de frambuesas:

- 300 g de frambuesas frescas
- 110 g de azúcar
- 1 cucharada de jugo de limón
- 400 g de chocolate blanco
- 35 g de mantequilla

Notas:

2 Procedimiento

Para el macarrón, ver la receta base.

1 A la receta base se le agregan las gotas de colorante azul.

Para la ganache de frambuesas:

1 Comenzamos por licuar las frambuesas con el azúcar y el limón durante 1 minuto.

2 Colocamos la mezcla anterior en una olla y la ponemos a hervir durante 7 minutos.

3 Pasado ese tiempo retiramos la mezcla del fuego y la vertemos a un procesador.

4 Agregamos el chocolate blanco fundido, mezclamos y poco a poco, mientras se está procesando, agregamos la mantequilla hasta que se forme la ganache.

5 Cuando esté lista rellenamos con ella una manga.

6 Untamos una de las tapas del macarrón con la ganache y la cerramos con otra de tamaño similar.

7 Cuando terminamos de preparar todos macarrones, los ponemos a refrigerar hasta el momento en que se vayan a comer.

44. MACARRÓN DE TEQUILA

Para contentar a la suegra

Procesar

Hornear

Nivel de dificultad

1 Ingredientes

Para el macarrón, ver la receta base.
- 7 gotas de colorante azul

Para la ganache de tequila:
- 300 g de chocolate de leche
- 150 ml de tequila
- 50 g de mantequilla en cubos
- 70 ml de crema para batir

Notas:

_____
_____
_____
_____
_____
_____
_____
_____
_____
_____

2 Procedimiento

Para el macarrón, ver la receta base.

1 A la receta base se le agregan las gotas de colorante azul.

Para la ganache de tequila:

1 Ponemos a calentar la mantequilla con la crema para batir en una olla.

2 Retiramos la mezcla del fuego y la vertemos al procesador, junto con todos los demás ingredientes, y batimos durante 5 minutos.

3 Dejamos reposar hasta que llegue a la temperatura ambiente.

4 Cuando esté lista rellenamos con ella una manga.

5 Untamos una de las tapas del macarrón con la ganache y la cerramos con otra de tamaño similar.

6 Cuando terminamos de preparar todos los macarrones, los ponemos a refrigerar hasta el momento en que se vayan a comer.

45. MANZANAS ACARAMELADAS

Para tianguis

Cocer

Nivel de dificultad

1 Ingredientes

- ¹/₄ de taza de agua
- 1 taza de azúcar
- 1 cucharadita de jugo de limón
- 20 gotas de colorante rojo
- 1 cucharadita de polvo de oro
- 6 manzanas verdes
- 6 palitos gruesos de madera para brocheta
- 6 tramos de listón rojo
- 1 tapete de silicón

Notas:

_____

_____

_____

_____

_____

_____

_____

_____

_____

_____

2 Procedimiento

1. Preparamos el caramelo agregando en una olla el agua, el azúcar, el jugo de limón, el colorante rojo y el polvo de oro.
2. Ponemos a hervir la mezcla hasta que alcance los 122ºC.
3. Retiramos el caramelo del fuego.
4. Preparamos el tapete de silicón.
5. Remojamos las puntas de los palitos para brocheta en limón y los ensartamos en las manzanas.
6. Bañamos las manzanas en el caramelo con mucho cuidado, intentando quitar todo el excedente posible.
7. Ponemos las manzanas sobre el tapete de silicón y dejamos que el caramelo se cristalice.
8. Cuando esto suceda las retiramos del tapete y les ponemos un listón rojo, en forma de moño, en el palito.

46. MANZANAS CON CHAMOY
Como las de Chapultepec

Cocer

Nivel de dificultad

① Ingredientes

- 6 palitos gruesos de madera para brocheta
- $1/2$ taza de jugo de limón
- 1 $1/4$ de pulpa de tamarindo
- $1/4$ de taza de azúcar
- $1/4$ de taza de chamoy
- $1/4$ de taza de chile en polvo con azúcar
- 6 manzanas verdes

Notas:

_____

_____

_____

_____

_____

_____

_____

_____

② Procedimiento

1 Comenzamos por remojar las puntas de los palitos para brocheta en limón. Reservamos.

2 En una olla ponemos a hervir la pulpa de tamarindo hasta que se reduzca a la mitad.

3 Agregamos el azúcar y esperamos a que se empiece a caramelizar.

4 Añadimos el chamoy y el chile en polvo; mezclamos hasta que se incorporen.

5 Vaciamos el chamoy en un tapete de silicón y esperamos a que se enfríe; entonces lo ponemos entre dos plásticos y lo extendemos con un rodillo.

6 Una vez extendido retiramos uno de los plásticos.

7 A continuación ensartamos los palitos para brocheta en las manzanas y cubrimos cada una con un trozo de la masa de chamoy extendida.

8 Las sacudimos para remover el exceso de chamoy y las dejamos secar.

47. MERMELADA DE FRESA CON ALBAHACA

Cocer

Envasar

Nivel de dificultad

1 Ingredientes

- 700 g de azúcar
- 1 ½ cucharadas de pectina cítrica
- 200 ml de pulpa de fresa
- 100 ml de agua
- 850 g de fresas cortadas en cuartos
- 60 g de hojas de albahaca
- 1 cucharada de jugo de limón

Notas:

_____

_____

_____

_____

_____

_____

_____

_____

_____

_____

2 Procedimiento

1. Mezclamos el azúcar con la pectina.
2. Vertemos la pulpa con el agua y las fresas troceadas en una olla y la ponemos al fuego hasta que alcance el punto de ebullición durante 2 minutos.
3. Blanqueamos las hojas de albahaca poniéndolas en dos tazas de agua hirviendo durante 5 segundos; pasado ese tiempo las sacamos y eliminamos el excedente de agua con una servilleta.
4. Una vez blanquedas las añadimos a la mermelada y dejamos que esta se siga cociendo por otros 15 minutos a fuego bajo.
5. Pasado ese tiempo le agregamos el jugo de limón y la dejamos cocer durante 7 minutos más.
6. Cuando esté lista la retiramos del fuego, esperamos a que se enfríe y la envasamos en frascos o recipientes esterilizados.
7. Por último cerramos los frascos y los guardamos en la alacena o en el refrigerador hasta que llegue el momento de usarlos.

48. MIL HOJAS DE PIÑA

Muy fresco

Batir

Hornear

Nivel de dificultad

1 Ingredientes

Para la galleta:
- 150 g de mantequilla
- 100 g de azúcar
- 5 yemas de huevo
- 400 g de harina integral
- 1 cucharadita de royal

Para el cremoso de yogurt:
- 700 g de yogurt griego
- 100 g de chocolate blanco derretido
- 350 g de crema batida
- 1 ½ cucharadas de grenetina hidratada
- 70 g de azúcar

Para la capa de piña:
- 1 piña limpia (sin cáscara ni hojas)
- 300 g de azúcar
- 1 cucharada de canela
- ½ cucharadita de nuez moscada
- 7 clavos de olor

Para el montaje:
- 1 macarrón de frambuesa (ver receta)
- 1 tira de chocolate blanco temperado pintada de azul
- 20 g de chocolate temperado

2 Procedimiento

Para la galleta:

1 Comenzamos pasando todos los ingredientes secos por un colador fino.

2 Enseguida ponemos en la batidora la mantequilla con el azúcar y comenzamos a batir hasta acremar, después agregamos las yemas una por una hasta integrarlas. Por último añadimos los ingredientes secos y mezclamos todo hasta obtener una masa uniforme.

3 Sacamos la masa, formamos una bola y la refrigeramos durante 3 minutos.

4 Pasado ese tiempo la extendemos con un poco de harina hasta que tenga el grosor deseado.

5 Con un cortador redondo, más grande que el que después usaremos para cortar la piña, cortamos las galletas y las ponemos a hornear a 180ºC durante 12 minutos.

6 Posteriormente las sacamos y las dejamos enfriar.

Para el cremoso de yogurt:

7 Mezclamos el yogurt con el chocolate derretido y la crema batida.

8 A continuación hidratamos la grenetina con agua y enseguida la incorporamos a la mezcla anterior, moviéndola constantemente para evitar que se formen grumos.

9 Engrasamos un recipiente, vertemos en él la mezcla, la cubrimos con papel film y la ponemos a refrigerar durante una hora.

10 Pasado ese tiempo sacamos el cremoso de yogurt y, con la ayuda de un cortador redondo, un poco más grande que el que usamos para cortar las rebanadas de piña, lo cortamos.

Para la capa de piña:

11 Mezclamos el azúcar con los aromáticos en un tazón, revolcamos la piña en la mezcla y le ensartamos los clavos.

12 Una vez lista la metemos a hornear a 180°C durante una hora.

13 Pasado ese tiempo la retiramos y la dejamos enfriar.

14 Cuando esté fría la cortamos en rebanadas muy delgadas y las reservamos.

Para el montaje:

15 Ponemos la galleta hasta abajo, después una capa de cremoso y luego una rebanada de piña. Repetimos tres veces las capas de cremoso y piña. Hasta arriba hay que poner las rebanadas de piña más delgaditas para que abracen todas las capas, excepto la galleta.

16 Al final ponemos el macarrón de frambuesa y la tira de chocolate blanco para decorar.

17 Terminamos la presentación bañando un lado del mil hojas con el chocolate temperado.

Notas:

_____

_____

_____

_____

_____

_____

_____

_____

_____

49. MOUSSE DE CHOCOLATE DE METATE

Batir

Baño María

Nivel de dificultad

① Ingredientes

Para la galleta, ver la receta base.
Para el mousse:
- 33 ml de agua
- 8 g de grenetina
- 40 g de azúcar
- 36 g de yemas de huevo
- 200 g de crema semibatida

Para la ganache:
- 200 g de chocolate de leche
- 200 ml de crema para batir
- 7 g de mantequilla
- 150 g de chocolate de mesa en polvo

Para el baño de espejo:
- 150 ml de agua
- 300 g de azúcar
- 450 g de glucosa
- 300 g de chocolate blanco
- 22 g de grenetina
- 1 cucharada de colorante negro
- 1 cucharadita de colorante rojo
- 1 cucharadita de colorante amarillo

Para la decoración:
- 200 g de chocolate oscuro temperado

② Procedimiento

Para la galleta , ver la receta base.
Para el mousse:

1 Hidratamos la grenetina en una cantidad de agua que pese 6 veces lo que esta y la reservamos.

2 Después preparamos un baño María en la olla de inducción.

3 A continuación ponemos en un bol de acero el azúcar, el agua y las yemas, y lo calentamos en el baño María hasta que alcance los 80°C, moviendo constantemente para que las yemas no se cuezan.

4 Cuando la mezcla alcance esa temperatura la retiramos del fuego y la pasamos a la batidora, en donde la batimos hasta que triplique su tamaño, creando así una pasta bomba.

5 Enseguida, también a baño María, elaboramos una ganache poniendo a calentar el chocolate de leche, la crema para batir y la mantequilla hasta que lleguen a 30°C; a esto le agregamos el polvo de chocolate para mesa.

6 Retiramos del fuego y, a continuación, la mezclamos de forma envolvente con la pasta bomba e incorporamos la crema semibatida.

7 Posteriormente fundimos la grenetina hidratada y la incorporamos mezclando muy bien.

8 Vertemos la mezcla en moldes circulares para mousse, llenándolos a toda su capacidad, y los ponemos a congelar durante un mínimo de 24 horas.

Para el baño de espejo:

9 Hacemos primero un jarabe poniendo a calentar el agua, el azúcar y la glucosa hasta que el azúcar se disuelva por completo.

10 Cuando esté listo lo vertemos sobre el chocolate blanco mientras aún está

caliente y dejamos reposar hasta que el chocolate se funda por completo.

11 Una vez que se haya fundido dividimos la mezcla en cuatro partes iguales y las ponemos en tres bols (dos partes van en el mismo bol) manteniendo una temperatura de 37ºC.

12 Añadimos la mitad de la grenetina hidratada y fundida a la parte más grande, y un cuarto y un cuarto, respectivamente, a las otras dos.

13 En la parte más grande ponemos el color negro ante, y en las otras dos partes pequeñas el rojo y amarillo. Integramos completamente los colores con una mezcladora de mano.

14 Ponemos el chocolate oscuro temperado sobre una lámina de acetato, escurrimos, y esperamos a que se seque un poco.

15 A continuación, doblamos la lámina sobre un tubo de PVC para formar una circunferencia, que debe ser más grande que la de los mousses, y la ponemos a refrigerar durante 10 minutos para que se endurezca.

16 Sacamos el chocolate, lo despegamos del acetato y lo cortamos de manera irregular de forma que un extremo esté más alto que el otro.

17 Sacamos los mousses del refrigerador y los desmoldamos.

18 Los cubrimos con los tres baños de espejo al gusto para que queden patrones diferentes. Les quitamos el exceso del baño de espejo de la parte inferior y los volvemos a meter al refrigerador durante 30 minutos.

19 Pasado ese tiempo los sacamos y los montamos sobre la galleta, y por último le ponemos la circunferencia de chocolate alrededor.

50. MOUSSE DE PIÑA COLADA

Batir

Baño María

Nivel de dificultad

1 Ingredientes

Para la galleta, ver la receta base.
Para el mousse:
- 12 g de grenetina
- 100 g de azúcar
- 13 g de agua
- 14 g de yemas de huevo
- 50 g de crema semibatida
- 150 ml de ron de coco
Para la ganache:
- 40 g de chocolate blanco
- 80 ml de crema para batir
- 5 g de mantequilla
Para la jalea de piña:
- 1 cucharada de grenetina
- 200 ml de agua
- 100 g de azúcar
- 420 g de piña picada en cubos pequeños
Para el montaje:
- Spray de manteca de cacao, terciopelo, color rosa
- 50 g de chocolate blanco pintado de rojo

② Procedimiento

Para la galleta, ver la receta base.
Para el mousse:

1 Empezamos por hidratar la grenetina en una cantidad de agua que pese 6 veces lo que esta y la reservamos.

2 Preparamos un baño María en la olla de inducción.

3 En un bol de acero mezclamos el azúcar, el agua y las yemas y lo ponemos sobre el baño María hasta que alcance los 80°C, moviendo constantemente para que las yemas no se cuezan.

4 Cuando llegue a esa temperatura pasamos la mezcla a la batidora y la batimos hasta que triplique su tamaño, lo que dará como resultado una pasta bomba.

5 También ponemos a calentar a baño María el chocolate blanco, los 80 ml de crema y la mantequilla hasta que alcancen los 30°C para elaborar una ganache.

6 Mezclamos la pasta bomba con la ganache en forma envolvente y enseguida agregamos la crema semibatida y el ron.

7 Fundimos la grenetina que hidratamos previamente y la incorporamos a esta mezcla revolviendo muy bien.

Para la jalea de piña:

8 Hidratamos la grenetina y la fundimos.

9 En una olla ponemos a hervir el agua y el azúcar, agregamos los cubos de piña y los dejamos hervir durante 7 minutos. Incorporamos la grenetina fundida.

10 Retiramos la mezcla del fuego y la extendemos sobre una charola.

11 Cubrimos la charola con papel film y congelamos la jalea durante una hora.

12 Pasado ese tiempo la sacamos del congelador y la cortamos del tamaño del molde para mousse (que en el caso de la fotografía, tiene forma de corazón).

Para el montaje:

13 Vertemos el mousse en el molde de manera que ocupe 70% de su capacidad, agregamos una capa de jalea de piña y cubrimos el resto del molde con mousse adicional.

14 Metemos al congelador durante un mínimo de 24 horas.

15 Pasado ese tiempo sacamos el mousse del molde y, sobre una lámina de acetato, lo rociamos con el spray de manteca de chocolate para darle un terminado aterciopelado rosa.

16 Le ponemos cuatro puntos de chocolate blanco color rojo, cada uno más grande que el anterior.

17 En un plato colocamos la galleta y, con ayuda de una espátula, le ponemos el mousse decorado encima.

51. MOUSSE DE ZANAHORIA

Batir

Baño María

Nivel de dificultad

① Ingredientes

Para el bizcocho de zanahoria:
- Zanahorias suficientes para obtener 600 g de bagazo de zanahoria
- 6 huevos
- 230 g de azúcar mascabado
- 110 g de azúcar refinada
- 1 cucharadita de esencia de vainilla
- 275 ml de aceite
- ½ cucharadita de sal
- 310 g de harina
- 2 cucharaditas de polvo para hornear
- ½ cucharadita de bicarbonato de sodio
- 1 cucharadita de canela en polvo
- 2 g de nuez moscada

Para el mousse:
- 12 g de grenetina
- 25 g de azúcar
- 13 ml de agua
- 14 g de yemas de huevo
- 80 g de chocolate blanco
- 80 ml de crema para batir
- 5 g de mantequilla
- 80 g de crema semibatida
- 30 ml de jugo de zanahoria

Para la jalea de zanahoria:
- 6 g de grenetina
- 380 ml de jugo de zanahoria (de las mismas zanahorias de las que se obtuvo el bagazo)

- 50 g de azúcar
- 9 g de pectina

Para la decoración:
- Spray de manteca de cacao, terciopelo, color rojo

② Procedimiento

Para el bizcocho de zanahoria:

1 Engrasamos una charola de pastelería y cubrimos la base y las paredes de esta con papel encerado.

2 Exprimimos las zanahorias en el procesador, separamos el bagazo y el jugo. Reservamos.

3 Batimos los huevos en la batidora y poco a poco les añadimos el azúcar (mascabado y refinada) y la vainilla.

4 Vertemos el aceite en forma de hilo hasta obtener una mezcla homogénea.

5 Incorporamos el bagazo de la zanahoria que habíamos reservado.

6 Añadimos los ingredientes secos a velocidad baja.

7 Vertemos la mezcla anterior en la charola que preparamos y la ponemos a hornear a 180°C durante 15 minutos.

8 Pasado ese tiempo sacamos la charola del horno y la presionamos con otra charola engrasada para que el bizcocho quede completamente liso.

9 Lo cubrimos con papel film y lo metemos al congelador.

Para el mousse:

10 Hidratamos la grenetina con una cantidad de agua que pese 6 veces lo que esta. Reservamos.

11 En la olla de inducción preparamos un baño María.

12 En un bol de acero colocamos el azúcar, el agua y las yemas, y lo ponemos a calentar sobre el baño María hasta que alcance los 80ºC, moviendo constantemente para que las yemas no se cuezan.

13 Retiramos la mezcla, la pasamos a la batidora y batimos hasta que triplique su tamaño, lo que dará como resultado una pasta bomba.

14 Elaboramos una ganache con el chocolate blanco, la crema para batir y la mantequilla hasta que la mezcla alcance los 30ºC.

15 Mezclamos la pasta bomba con la ganache en forma envolvente y enseguida mezclamos la crema semibatida con el jugo de zanahoria. Igualamos las texturas e incorporamos ambas mezclas en forma envolvente.

16 Fundimos la grenetina e incorporamos mezclando bien.

Para la jalea de zanahoria:

17 Hidratamos la grenetina con una cantidad de agua que pese 6 veces lo que esta. Reservamos.

18 Ponemos a hervir el jugo de zanahoria (el que se obtuvo de procesar las zanahorias) en una parrilla de inducción.

19 Mezclamos el azúcar con la pectina y la agregamos al jugo; continuamos hirviendo a temperatura media durante 12 minutos.

20 Fundimos la grenetina y la agregamos a la pulpa de zanahoria, moviéndola para que se integre bien.

21 Extendemos la mezcla sobre una charola, la cubrimos con papel film y la ponemos a congelar durante 1 hora. Debe quedar completamente lisa en la parte superior.

Para el montaje:

22 Preparamos moldes especiales para mousse (que en el caso de la fotografía, tienen forma de mazorca de cacao).

23 Cortamos la jalea y el bizcocho previamente congelados en dos partes del mismo tamaño. Debe ser un tamaño más pequeño que el del molde del mousse.

24 Primero vertemos una capa de mousse en el molde hasta 70% de su capacidad, después una capa de jalea de zanahoria y finalmente cubrimos el resto del espacio con mousse adicional.

25 Ponemos los moldes con la preparación a congelar un mínimo de 24 horas.

26 Pasado ese tiempo los sacamos y, sobre una lámina de acetato, cubrimos los mousses con el spray aterciopelado de manteca de cacao rojo.

52. MUFFIN DE VAINILLA
Como de café de chinos

Batir

Hornear

Nivel de dificultad

1 Ingredientes

- Molde para muffins
- 4 claras de huevo
- 1 taza de azúcar
- 1 taza de harina
- 1 ½ cucharaditas de polvo para hornear
- ¼ de cucharadita de sal
- ⅓ de taza de aceite
- 3 yemas de huevo
- Ralladura de 2 limones
- 100 ml de extracto de vainilla
- Papel estraza

2 Procedimiento

1. Batimos las claras en la batidora y, con ayuda de una cuchara, vamos agregando poco a poco el azúcar hasta lograr un merengue.
2. A continuación colamos los ingredientes secos y los mezclamos en un bol.
3. Agregamos a lo anterior el aceite vegetal, las yemas, la ralladura de limón y el extracto de vainilla, y los mezclamos en la batidora.
4. Cuando todo se haya integrado bien le incorporamos el merengue de forma envolvente.
5. Cortamos el papel estraza en cuadros y los acomodamos dentro de cada uno de los moldes de manera que sobresalgan un poco.
6. Vaciamos la misma cantidad de mezcla en todos los moldes y los horneamos a 160°C durante 16 minutos.
7. Pasado ese tiempo los sacamos del horno y los dejamos enfriar.
8. Una vez que se hayan enfriado, los retiramos del molde.

53. PAN DE ELOTE
Mejor que el de mi suegra

Licuar

Hornear

Nivel de dificultad

1 Ingredientes

- 200 ml de leche condensada
- 500 g de elotes desgranados
- 2 cucharadas de polvo para hornear
- 3 cucharadas de azúcar
- 1 pizca de sal
- 300 g de harina
- 1 cucharada de canela molida
- 150 g de mantequilla
- 5 huevos
- 350 ml de rompope

Notas:

_____
_____
_____
_____
_____
_____
_____
_____

2 Procedimiento

1 Engrasamos y enharinamos un molde para panqué.

2 Mezclamos en la licuadora la leche condensada y los elotes desgranados durante 30 segundos. Reservamos.

3 Batimos la mantequilla con una cucharada de azúcar para darle consistencia de crema, y uno a uno vamos incorporando los huevos.

4 Seguimos batiendo mientras incorporamos poco a poco la mezcla de elote.

5 A continuación, con un colador fino, cernimos todos los ingredientes secos y los vamos incorporando poco a poco a la mezcla hasta tener una base homogénea.

6 Vertemos la mezcla en el molde engrasado y enharinado y la horneamos a 180°C durante una hora.

7 Pasado ese tiempo sacamos el pan y lo dejamos reposar hasta que tome temperatura ambiente.

8 Cuando esto suceda lo bañamos con rompope.

54. PAN DE MUERTO

Batir	Hornear	Nivel de dificultad

① Ingredientes

- 500 ml de leche
- 33 g de levadura seca
- 1.6 kg de harina
- 2 ½ tazas de azúcar (azúcar extra para espolvorear)
- 330 g de mantequilla (mantequilla extra para barnizar)
- 6 huevos

Notas:

_____

_____

_____

_____

_____

_____

_____

_____

_____

② Procedimiento

1 Entibiamos la leche en el microondas y la mezclamos con la levadura y un poco de azúcar.

2 A continuación vertemos la harina, el azúcar y la mantequilla en la batidora y mezclamos.

3 Enseguida, sin detener la batidora, agregamos la mezcla de leche y los huevos uno a uno.

4 Sacamos la mezcla de la batidora y la amasamos durante 17 minutos.

5 Posteriormente formamos una bola y la dejamos fermentar durante 40 minutos cubierta con un trapo húmedo de cocina.

6 Después formamos las piezas de pan de muerto, con sus huesos, y las volvemos a poner a fermentar bajo un trapo húmedo de 30 a 40 minutos.

7 Pasado ese tiempo barnizamos los panes con mantequilla derretida y los ponemos a hornear a 180°C durante 30 minutos.

8 Cuando estén cocidos los sacamos y los dejamos enfriar.

9 Les volvemos a untar mantequilla y los espolvoreamos con abundante azúcar.

55. PANQUÉ DE CHOCOLATE

Para merendar

Batir

Hornear

Nivel de dificultad

1 Ingredientes

- 3 tazas de harina
- $^1/_2$ cucharadita de polvo para hornear
- $^1/_2$ cucharadita de sal
- 2 tazas de azúcar
- 1 cucharada de cocoa
- 350 g de mantequilla
- 7 huevos
- 1 taza de nuez troceada
- 190 g de chocolate oscuro troceado

2 Procedimiento

1 Pasamos todos los ingredientes secos por un colador.
2 A continuación los mezclamos secos con el aditamento de pala de la batidora y agregamos la mantequilla para que se empiece a formar una masa.
3 Incorporamos los huevos uno a uno. Al final añadimos la nuez y el chocolate.
4 Engrasamos y enharinamos un molde para panqué.
5 Vertemos la mezcla y la ponemos a hornear a 180° C durante 40 minutos.
6 Pasado ese tiempo lo sacamos y esperamos a que se enfríe.
7 Una vez que esté frío lo desmoldamos.

Notas:

_____

_____

_____

_____

_____

_____

_____

_____

_____

56. PANQUÉ DE NUEZ
De mi tía Rosa

Batir

Hornear

Nivel de dificultad

1 Ingredientes

- 3 tazas de harina
- $\frac{1}{2}$ cucharadita de polvo para hornear
- $\frac{1}{2}$ cucharadita de sal
- 2 tazas de azúcar
- 350 g de mantequilla
- 1 cucharada de ralladura de naranja
- 7 huevos
- 1 taza de nuez troceada
- $\frac{1}{2}$ taza de jugo de naranja

2 Procedimiento

1 Pasamos los ingredientes secos por un colador.
2 A continuación los ponemos en la batidora y los mezclamos con el aditamento de pala.
3 Agregamos a la mezcla la ralladura de naranja y la mantequilla para que se empiece a formar una masa.
4 Enseguida incorporamos los huevos uno a uno y posteriormente el jugo de naranja.
5 Por último agregamos la nuez troceada.
6 Engrasamos y enharinamos un molde.
7 Vertemos la mezcla y la ponemos a hornear a 180°C durante 40 minutos.
8 Pasado ese tiempo lo sacamos y esperamos a que se enfríe.
9 Una vez que esté frío lo desmoldamos.

Notas:

57. PANQUÉ MOSAICO
Con choco y vainilla

Batir

Hornear

Nivel de dificultad

1 Ingredientes

- 330 g de mantequilla
- 545 g de azúcar glas
- 540 g de harina
- 1 cucharada de polvo para hornear
- 9 huevos
- 158 ml de leche entera
- 35 g de cocoa

Notas:

_____

_____

_____

_____

_____

_____

_____

_____

_____

_____

2 Procedimiento

1 Vertemos en la batidora la mantequilla con el azúcar glas y mezclamos hasta que se acreme y adquiera un color más claro y un aspecto esponjoso.

2 Pasamos la harina y el polvo para hornear por un colador.

3 Batimos los huevos y los vertemos en forma de hilo a la mezcla sin dejar de mover.

4 Agregamos poco a poco la harina a la mezcla junto con la leche.

5 Cuando la mezcla esté lista la dividimos en dos tazones; en uno de ellos agregamos la cocoa cernida, moviéndola con un batidor de globo para incorporarla bien.

6 Engrasamos y enharinamos un molde para panqué.

7 A continuación vertemos las mezclas, alternándolas para que se haga el marmoleado.

8 Después, con la ayuda de una cuchara, hacemos «ochos» al interior de la mezcla.

9 Ponemos la mezcla a hornear a 180°C durante 55 minutos.

10 Pasado ese tiempo lo sacamos y esperamos que se ponga a temperatura ambiente.

11 Cuando esto suceda lo desmoldamos.

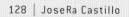

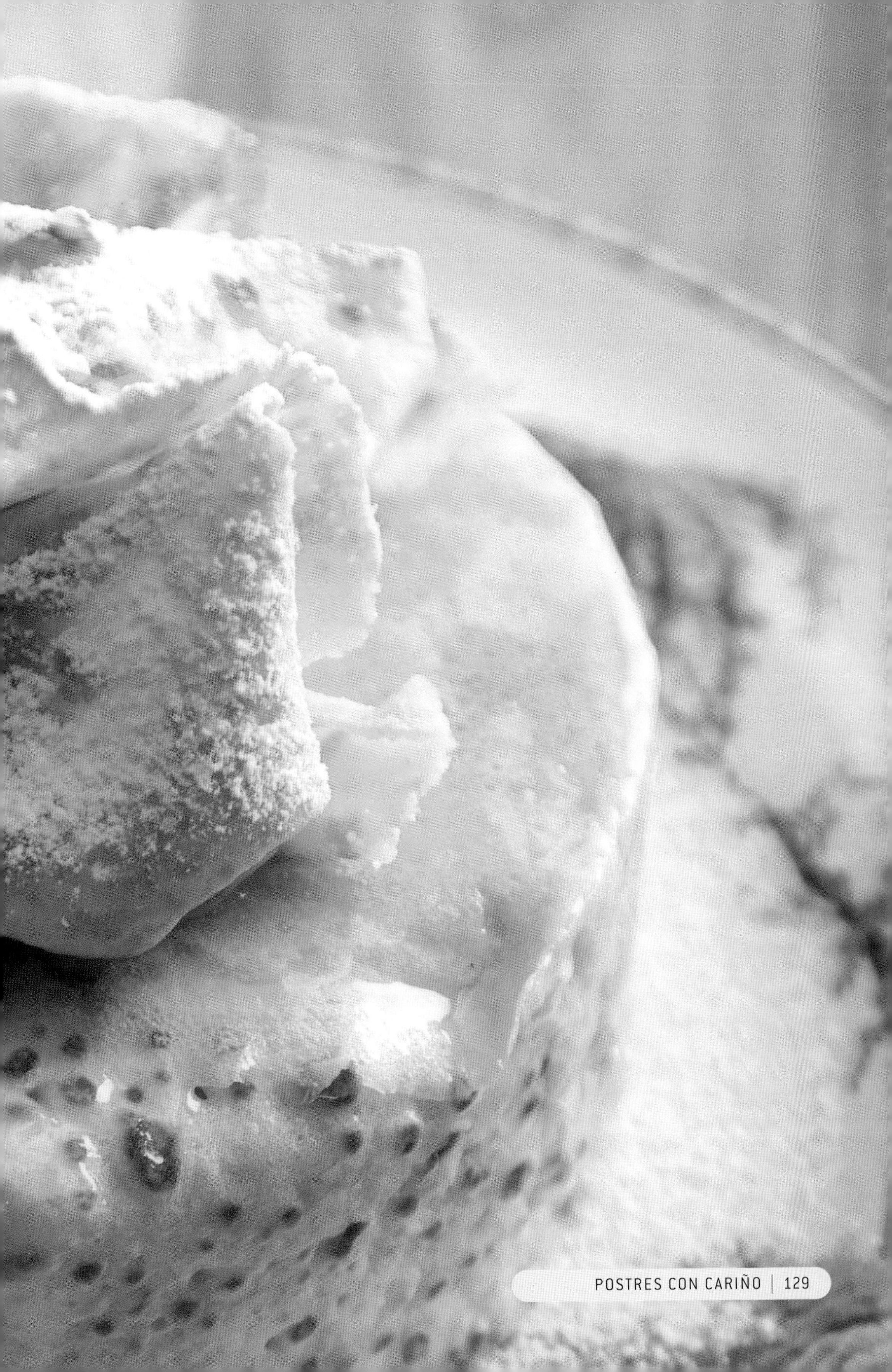

58. PASTEL DE CREPAS CON NARANJA

Licuar

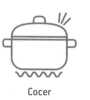

Cocer

Nivel de dificultad

1 Ingredientes

Para las crepas:
- 250 g de harina
- 4 huevos
- 600 ml de leche
- 1 pizca de sal
- 3 cucharadas de azúcar
- 60 g de mantequilla fundida

Para la crema de naranja:
- 300 ml de jugo de naranja
- 150 g de azúcar
- 7 yemas
- 3 cucharadas de maicena
- Ralladura de naranja
- 600 ml de crema para batir
- 1 cucharadita de vainilla
- Aceite para freír la crepa decorativa

Para el montaje:
- Azúcar glas para espolvorear
- 250 g de brillo neutro

2 Procedimiento

Para las crepas:

1 Añadimos los ingredientes para las crepas a la licuadora, poniendo la harina en la parte superior.

2 Vertemos un poco de la mezcla sobre un sartén de teflón caliente y la distribuimos para crear una capa delgada con ella.

3 Una vez que se cueza por un lado la volteamos para que se termine de cocinar. Enseguida la retiramos del fuego y la reservamos.

4 Repetimos este proceso hasta que se acabe la mezcla y tengamos suficientes crepas para armar el pastel.

5 Licuamos hasta obtener una mezcla homogénea y dejamos reposar.

6 Preparamos las crepas (muy delgaditas) en un sartén de teflón y las reservamos.

Para la crema de naranja:

7 En una olla ponemos a hervir el jugo de naranja y el azúcar hasta que la mezcla se reduzca a la mitad y adquiera la consistencia de un jarabe.

8 Mientras tanto mezclamos las yemas con la maicena y la ralladura de naranja.

9 Ponemos a hervir la crema con la vainilla.

10 Temperamos la mezcla de las yemas con la crema. Para ello, vertemos un poco de la crema caliente en el recipiente con las yemas, mezclamos, y después vaciamos en la olla con el resto de lo que se calentó.

11 Enseguida incorporamos el jarabe de naranja a la mezcla moviéndola hasta que espese.

12 Cuando esto suceda retiramos la mezcla del fuego, la extendemos sobre una charola y la dejamos enfriar.

Para el montaje:

13 Acomodamos la primera crepa, que va a envolver todo, en un aro de pastelería y la untamos con una capa de crema de naranja.

14 Luego cortamos las demás crepas al mismo tamaño del aro.

15 Intercalamos crema y crepa hasta que solo quede una crepa para decorar.

16 La última capa debe ser de crema para así envolver todo el pastel en la primera crepa que se dejó del largo normal.

17 Una vez que esté envuelto lo metemos al refrigerador.

18 Calentamos el aceite en un sartén hasta que llegue a los 140ºC.

19 Doblamos en cuatro la crepa que apartamos y la freímos ligeramente.

20 Retiramos la crepa del aceite y la escurrimos sobre papel de cocina para quitar el exceso de grasa.

21 Espolvoreamos la crepa frita y el plato sobre el cual se va a montar con azúcar glas.

22 Sacamos el pastel de crepas del refrigerador y lo montamos sobre el plato, lo barnizamos con brillo neutro y encima le colocamos la crepa frita para decorar.

Notas:

_____

_____

_____

_____

_____

_____

_____

_____

_____

_____

59. PASTEL DE QUESO ESPONJOSO
Como los japoneses

Batir

Hornear

Nivel de dificultad

1 Ingredientes

- 60 ml de leche entera
- 150 g de queso crema
- 45 g de mantequilla
- 55 g de harina
- 20 g de maicena
- 5 huevos (las claras separadas de las yemas)
- 110 g de azúcar

2 Procedimiento

1 Preparamos un baño María y lo calentamos a 120°C.

2 Agregamos la leche, el queso crema y la mantequilla en un bol de acero y lo calentamos sobre el baño María que preparamos a fuego bajo, moviendo con un batidor de globo hasta que se disuelvan los ingredientes.

3 Cuando esto suceda retiramos el bol del fuego y le agregamos la harina y la maicena. Mezclamos nuevamente con el batidor de globo hasta que la mezcla esté homogénea y sin grumos. Le añadimos las yemas de huevo y las incorporamos hasta que se integren con lo demás.

4 Batimos las claras con el azúcar a punto de turrón; las incorporamos en tres partes y en forma envolvente a la mezcla de queso para facilitar

el proceso y, sobre todo, para evitar que pierdan el aire que hará que el pastel sea esponjoso.

5 Engrasamos un molde redondo y cubrimos el fondo y las paredes de este con papel encerado.

6 Vertemos la mezcla en el molde de modo que ocupe solo 70% del espacio de este y lo ponemos a hornear a 120°C durante 20 minutos.

7 Una vez transcurrido ese tiempo, y sin abrir el horno, subimos la temperatura a 150°C y lo horneamos otros 15 minutos.

8 Enseguida abrimos el horno durante 10 segundos para que baje la temperatura, lo volvemos a cerrar, bajamos la temperatura a 100°C y lo dejamos cociendo otros 40 minutos.

9 Cuando haya pasado ese tiempo apagamos el horno, pero dejamos el pastel adentro 10 minutos más.

10 Posteriormente lo sacamos y esperamos a que se enfríe un poco, aunque no por completo.

11 Lo desmoldamos y le quitamos con cuidado el papel que pusimos en el fondo y las paredes del molde, ya que seguramente quedará pegado al pastel.

60. PASTEL IMPOSIBLE
Que sí te va a salir

Licuar

Hornear

Nivel de dificultad

① Ingredientes

Para el flan:
- 4 huevos
- 1 taza de leche condensada
- 1 taza de leche evaporada
- 1 cucharadita de extracto de vainilla
- 230 g de cajeta para el fondo del molde

Para el pastel:
- 250 g de chocolate oscuro fundido
- 4 huevos
- $3/4$ de taza de cocoa
- 250 g de azúcar
- $1/2$ taza de leche entera
- $1/2$ taza de aceite vegetal
- 1 cucharadita de ralladura de naranja
- 1 $1/2$ cucharaditas de polvo para hornear

Para la decoración:
- 400 g de chocolate blanco temperado
- Láminas de acetato
- Colorante liposoluble naranja y azul
- Pintura liposoluble roja

② Procedimiento

Para el flan:
1. Licuamos todos los ingredientes para este fin.

Para el pastel:
2. Mezclamos todos los ingredientes en un tazón y reservamos.

Para ensamblar:
3. Agregamos la cajeta en el fondo del molde para pastel.

4. Sobre esta capa agregamos la mezcla de pastel y, con mucho cuidado, o con la ayuda de una cuchara, vertemos la mezcla del flan evitando que se revuelvan.

5. Tapamos el molde con papel aluminio y lo ponemos a hornear, en baño María, a 200°C durante 45 minutos.

6. Pasado ese tiempo lo sacamos y lo dejamos enfriar.

7. Cuando esté frío lo desmoldamos y lo ponemos a refrigerar durante dos horas.

Para la decoración:
8. Dividimos el chocolate blanco en dos y coloreamos una parte de naranja y la otra de azul.

9. Salpicamos una mitad de la lámina de acetato con la pintura liposoluble roja y en la otra mitad hacemos pinceladas con la misma pintura.

10. Sobre las salpicaduras hacemos círculos con el chocolate blanco pintado de azul y sobre las pinceladas hacemos cuadrados con el chocolate blanco pintado de naranja. Enseguida, ponemos otra lámina de acetato encima, la aplastamos y la ponemos a refrigerar durante 10 minutos.

11. Sacamos del refrigerador el pastel y las láminas de acetato con el chocolate.

12. Retiramos los chocolates del acetato cuidadosamente y los clavamos intercalados sobre el pastel.

61. PAY DE NUEZ Y MELAZA

Cocer

Hornear

Nivel de dificultad

1 Ingredientes

Para el bretón de chocolate:
- 190 g de mantequilla
- 165 g de azúcar
- 100 g de yemas de huevo
- 210 g de harina
- 27 g de cocoa
- 1 ½ cucharaditas de polvo para hornear
- 1 pizca de sal
- 60 g de chocolate oscuro fundido

Para el relleno
- 150 g de nueces troceadas
- 100 g de mantequilla
- ½ taza de miel de maple
- ½ cucharadita de nuez moscada
- 75 g de melaza o piloncillo rayado
- 1 pizca de sal
- 1 cucharada de maicena
- 1 cucharada de extracto de vainilla
- 3 huevos
- 1 huevo (para barnizar)
- 200 g de nueces enteras

2 Procedimiento

Para el bretón de chocolate:

1 Mezclamos todos los ingredientes en un procesador hasta formar una pasta.

2 La sacamos del procesador, la vertemos en otro recipiente y la ponemos a refrigerar durante 3 horas.

3 Pasado ese tiempo la sacamos y la extendemos.

4 Enseguida cortamos un círculo que mida tres centímetros más de lo que mide el diámetro de un molde para tartas mediano, de tal forma que cubra hasta la orilla superior del molde que vamos a usar.

5 Engrasamos el molde, lo forramos con el bretón y lo dejamos reposar en el refrigerador.

Para el relleno:

6 Tostamos las nueces troceadas.

7 En una olla caliente vertemos la mantequilla, la miel de maple, la nuez moscada, el piloncillo, la sal, la maicena y la vainilla, y dejamos cocer hasta que todo se disuelva bien.

8 Retiramos la mezcla del fuego y la dejamos enfriar hasta que esté a temperatura ambiente.

9 Cuando esto suceda agregamos los 3 huevos.

10 Sacamos el molde con el bretón del refrigerador y lo barnizamos con el huevo restante. Lo dejamos secar durante 3 minutos.

11 Después vertemos la mezcla de nuez dentro del molde con el bretón y agregamos las nueces enteras restantes.

12 Lo ponemos a cocer en el horno a 170ºC durante 45 minutos.

13 Pasado ese tiempo lo sacamos del horno y lo dejamos enfriar.

14 Cuando esté frío lo desmoldamos.

62. POLVORONES
De panadería de barrio

Batir

Hornear

Nivel de dificultad

1 Ingredientes

- 150 g de mantequilla
- 100 g de azúcar
- 4 yemas de huevo
- 2 cucharaditas de brandy
- 100 g de harina
- 1 cucharadita de polvo para hornear
- $^1/_3$ de cucharadita de sal
- $^1/_2$ cucharadita de ralladura de limón
- 250 g de maicena

Notas:

_____

_____

_____

_____

_____

_____

_____

_____

_____

2 Procedimiento

1 Mezclamos en la batidora la mantequilla con el azúcar hasta que se blanquee, agregamos las yemas de una en una y al finalizar vertemos el brandy.

2 Pasamos todos los ingredientes secos por un colador fino, los mezclamos con la sal y la ralladura de limón, y los incorporamos a la mezcla de las yemas hasta obtener una masa uniforme.

3 Retiramos la mezcla de la batidora y la dejamos reposar durante 3 minutos en el refrigerador.

4 Pasado ese tiempo ponemos un poco de maicena sobre la mesa y extendemos la masa hasta obtener el grosor deseado.

5 Cortamos los polvorones con un cortapastas redondo, los acomodamos en una charola previamente engrasada y los horneamos a 180 °C durante 12 minutos.

6 Pasado ese tiempo los sacamos del horno y los dejamos enfriar.

63. ROLES DE CANELA

Batir

Hornear

Nivel de dificultad

1 Ingredientes

Para los roles
- 250 ml de leche tibia
- 10 g de levadura seca
- 2 huevos
- 90 g de mantequilla fundida
- 1 cucharadita de sal
- 100 g de azúcar refinada
- 3 $^1/_2$ tazas de harina
- 220 g de crema para rellenar

Para el relleno:
- 100 g de mantequilla a temperatura ambiente
- 250 g de azúcar mascabado
- 20 g de canela en polvo
- 20 g de nuez moscada en polvo

Para el icing:
- 120 g de queso crema
- $^1/_4$ de taza de mantequilla
- 1 cucharada de vainilla
- $^1/_8$ de cucharadita de sal
- 1 taza de azúcar glas
- 4 cucharadas de leche

2 Procedimiento

Para los roles:

1 Mezclamos la leche con la levadura, los huevos, la mantequilla, la sal y el azúcar en la batidora.

2 Agregamos poco a poco la harina a la mezcla y batimos con el aditamento de gancho hasta obtener una masa homogénea, con la cual formamos una bola.

3 Engrasamos un tazón y ponemos en él la bola de masa. Lo cubrimos con un trapo húmedo y la dejamos fermentar hasta que duplique su tamaño.

4 Retiramos la masa y la ponchamos para sacarle el aire, después la amasamos y la extendemos para formar un rectángulo. Reservamos.

Para el relleno:

5 Acremamos la mantequilla junto con el azúcar y los aromáticos con ayuda de la batidora.

6 Cuando esté lista, esparcimos una capa delgada sobre la masa extendida y la enrollamos.

7 Engrasamos un molde y cubrimos el fondo y la base de este con papel encerado.

8 Cortamos el rollo en porciones gruesas y las ponemos en el molde.

9 Los cubrimos con un trapo húmedo y los dejamos fermentar nuevamente hasta que doblen su tamaño.

10 Cuando hayan fermentado los horneamos a 180°C durante 12 minutos.

11 Pasado ese tiempo sacamos los roles del horno.

Para el icing:

12 Con ayuda de la batidora mezclamos todos los ingredientes en un bol hasta obtener una mezcla homogénea. Su textura será líquida pero espesa.

13 Vertemos el icing sobre los rollos recién salidos del horno.

14 Cortamos los roles individuales con un cuchillo, los desmoldamos uno a uno y servimos, de preferencia mientras siguen calientes.

64. ROSCA DE REYES
Para empezar tu negocio

Batir

Hornear

Nivel de dificultad

① Ingredientes

Para la masa blanca:
- 100 g de azúcar glas
- 100 g de manteca vegetal
- 100 g de harina de trigo
- 2 yemas de huevo

Para el pan:
- 500 ml de leche
- 33 g de levadura seca
- 1.6 kg de harina
- 2 ½ tazas de azúcar
- 330 g de mantequilla
- 6 huevos
- 10 muñequitos de plástico

Para la decoración:
- 1 yema de huevo
- 1 chorrito de leche
- 250 g de acitrón
- 250 g de ate de membrillo
- 250 g de higos cristalizados
- 200 g de cerezas marrasquino

② Procedimiento

Para la masa blanca:

1 Mezclamos los ingredientes hasta que se forme una pasta, la cual dejamos reposar durante 10 minutos en el refrigerador.

Para la rosca:

2 Entibiamos la leche en el microondas.

3 Mezclamos la levadura en la leche tibia junto con un poco del azúcar.

4 Agregamos la harina, el azúcar y la mantequilla en la batidora, y vamos añadiendo los huevos uno a uno mientras se trabaja la masa; a continuación, le agregamos la leche tibia con la levadura.

5 Una vez que tengamos una mezcla homogénea, detenemos la batidora, sacamos la masa y amasamos durante aproximadamente 17 minutos.

6 Pasado ese tiempo estiramos la masa hasta que quede casi traslúcida pero que no se pueda romper fácilmente.

7 La cubrimos con un trapo húmedo y la dejamos fermentar durante 40 minutos en un lugar caliente.

8 Enseguida le damos forma de rosca a la masa, escondemos los niños en ella y dejamos que se fermente por segunda ocasión, otros 40 minutos, cubriéndola con un trapo húmedo y poniéndola en un lugar caliente.

Para la decoración:

9 Usamos un tenedor para batir la yema de huevo con el chorrito de leche.

10 Con esta mezcla barnizamos la rosca y la decoramos al gusto. La masa que preparamos en el primer paso servirá para hacer las costras de azúcar.

11 Al final horneamos la rosca a 180°C durante 30 minutos.

12 Pasado ese tiempo la sacamos del horno y la dejamos enfriar.

65. STRUDEL DE MANZANA
Como pastelería fina

Cocer

Hornear

Nivel de dificultad

1 Ingredientes

- 230 g de azúcar
- 150 g de mantequilla
- 1 taza de agua
- 5 manzanas peladas y picadas en cubos medianos
- 150 g de arándanos
- 150 g de uvas pasas
- 1 cucharada de canela
- ½ cucharadita de nuez moscada
- 1 pizca de clavo en polvo
- 1 cucharada de pectina
- 1 kg de masa de hojaldre
- 1 yema de huevo
- 150 g de azúcar (para espolvorear)

Notas:

_____

_____

_____

_____

_____

_____

2 Procedimiento

1 Ponemos a calentar los 250 g de azúcar a fuego medio y movemos hasta que se derritan, teniendo cuidado de que no se pegue.

2 Cuando adquiera un tono dorado quemado agregamos la mantequilla y el agua para hacer una salsa de caramelo.

3 Agregamos los cubos de manzana, las pasas, los arándanos, los aromáticos y la pectina.

4 Cocemos durante 12 minutos, retiramos el líquido y enfriamos.

5 Extendemos la masa de hojaldre y con mucho cuidado le agregamos el relleno.

6 Posteriormente la enrollamos.

7 Barnizamos dos veces el rollo con la yema de huevo y esperamos a que seque. Reservamos.

8 Enseguida extendemos otra capa de hojaldre para hacer el trenzado.

9 Barnizamos también con huevo esta capa y le ponemos azúcar encima (de los 150 g que no se han utilizado).

10 Ponemos el strudel sobre una charola engrasada y la metemos en la parte de arriba del horno 180°C durante 45 minutos.

11 Pasado ese tiempo la retiramos y la dejamos enfriar.

66. TARTA DE ALMENDRAS Y PERA

Batir

Hornear

Nivel de dificultad

1 Ingredientes

Para la masa, ver la receta base.
Para la base de almendra:

- 155 g de azúcar
- 155 g de mantequilla
- 155 g de polvo de almendra
- 2 huevos
- 1 clara de huevo

Para la decoración:

- 3 peras

Notas:

2 Procedimiento

Para la masa, ver la receta base.
Para la base de almendra:

1. Mezclamos en la batidora el azúcar, la mantequilla y el polvo de almendra hasta obtener una masa homogénea.

2. A continuación mezclamos la clara con los huevos y los vertemos sobre la mezcla anterior. Batimos durante 3 minutos a velocidad media, hasta obtener una crema de un color más claro.

3. Vertemos esta mezcla sobre la base de la masa en el molde y horneamos a 160ºC durante 35 minutos.

Para la decoración:

4. Pelamos las peras y las cortamos en rebanadas delgadas.

5. Decoramos la tarta con las rebanadas de pera y la volvemos a meter al horno hasta que adquiera un tono dorado al gusto.

6. Cuando haya adquirido el tono deseado la sacamos y la dejamos enfriar. Si lo deseamos podemos decorarla con jarabe neutro.

67. TARTA DE FRUTAS

Licuar · **Cocer** · **Nivel de dificultad**

1 Ingredientes

Para la masa, ver la receta base.
Para la crema pastelera:

- 1 l de leche entera
- 170 g de azúcar
- 7 yemas de huevo
- 1 vaina de vainilla
- 100 g de maicena
- 1 cucharada de grenetina

Para la decoración:

- Diferentes frutas de temporada como moras azules, fresas, zarzamoras, etcétera.
- Chocolate blanco temperado de los colores que se requieran
- Pinturas liposolubles de los colores preferidos

2 Procedimiento

Para la masa, ver la receta base.
Para la crema pastelera:

1. Vertemos todos los ingredientes a la licuadora, excepto la grenetina.
2. Los licuamos durante 3 minutos, los vertemos en una olla y los ponemos a hervir hasta que alcancen el punto de ebullición y se espesen, sin dejar de mover para evitar que la mezcla se pegue.
3. Mientras tanto ponemos a hidratar la grenetina con un poco de agua Cuando esté lista, la fundimos.
4. Una vez que la crema pastelera se haya espesado, la mezclamos con la grenetina fundida, moviendo hasta que se integren bien.
5. Retiramos la crema del fuego, la vertemos en un recipiente, la cubrimos con papel film y la ponemos un rato a refrigerar.
6. Retiramos la crema del refrigerador y la vertemos en cada uno de los moldes en los que pusimos la base de las tartas.

Para la decoración:

7. Cortamos la fruta en rebanadas y las acomodamos sobre las tartas, encima de la capa de crema pastelera y en formas diferentes para darle una presentación única a cada tarta.
8. Podemos crear diferentes decoraciones con chocolate. Por ejemplo, podemos hacer plumas. Para ello necesitamos una lámina de acetato, un tubo de PVC, chocolate blanco temperado y un cuchillo pequeño.
9. Para hacerlas comenzamos por sumergir la punta del cuchillo en el chocolate temperado; enseguida colocamos el cuchillo sobre una lámina de acetato y dejamos escurrir el chocolate, levantando la lámina para hacer un ligero pliegue a la mitad de la figura y marcar lo que será el raquis de la pluma.
10. Cuando hayamos formado todas las plumas que deseamos, metemos la lámina de acetato en un tubo de PVC para que tomen su curvatura y lo metemos al refrigerador durante 10 minutos.
11. Pasado ese tiempo sacamos el tubo, retiramos la lámina de acetato, desprendemos las plumas cuidadosamente y, con un cuchillo, hacemos pequeñas incisiones a los lados para que tomen más la forma de pluma.
12. Acomodamos las decoraciones al gusto sobre las tartas.

68. TARTA DE LIMÓN
Como de cafetería

Baño María

Flamear

Nivel de dificultad

1 Ingredientes

Para la masa, ver la receta base.
Para la base de limón:

- 12 yemas de huevo
- 200 g de azúcar
- 300 ml de jugo de limón
- 150 g de mantequilla

Para el merengue italiano:

- 230 g de azúcar
- 1 cucharadita de miel de maíz
- 125 ml de agua
- 250 g de claras de huevo
- $^1/_2$ cucharadita de cremor tártaro
- Soplete de gas butano

2 Procedimiento

Para la masa, ver la receta base.
Para la base de limón:

1. Preparamos un baño María y ponemos a calentar en él las yemas con el azúcar y el limón, batiendo hasta que la mezcla alcance los 83ºC.
2. Cuando eso suceda la retiramos del fuego y le agregamos la mantequilla en cubos, moviendo para que se incorpore completamente.
3. La dejamos enfriar y la vertemos sobre la galleta de la tarta.

Para el merengue italiano:

4. Ponemos a calentar la mezcla de azúcar con la miel y el agua hasta que alcance los 120ºC.
5. Mientras tanto batimos las claras con el cremor tártaro a velocidad media.
6. Cuando el jarabe llegue a los 120ºC lo vertemos sobre las claras y aumentamos la velocidad de la batidora.
7. Retiramos el merengue y lo vaciamos sobre el recipiente con la base de limón. Con ayuda de una cuchara hacemos picos y remolinos hasta conseguir la forma deseada.
8. A continuación lo ponemos a refrigerar durante un par de horas.
9. Pasado ese tiempo lo sacamos del refrigerador y, con el soplete, doramos ligeramente el merengue.

69. TARTA DE PLÁTANO FLAMEADO
De carrito

Cocer

Hornear

Nivel de dificultad

① Ingredientes

Para la masa, ver la receta base.
Para la tarta:
- 2 plátanos machos
- 100 g de mantequilla
- 110 g de azúcar mascabado
- 150 ml de mezcal

Para la farsa:
- 4 huevos
- 200 g de queso crema
- 100 ml de crema para batir
- 100 ml de leche condensada
- 2 cucharadas de maicena
- 70 g de azúcar

Para la decoración:
- 100 g de chocolate temperado

② Procedimiento

Para la masa, ver la receta base.
Para la tarta:

1. Envolvemos los plátanos machos con todo y cáscara en papel aluminio y los horneamos a 180°C durante 20 minutos.
2. Pasado ese tiempo los retiramos del horno, les quitamos el papel aluminio y la cáscara.
3. Cortamos los plátanos en rebanadas del mismo tamaño y los salteamos en un sartén con la mantequilla y el azúcar.

4. Los bañamos con el mezcal y los flameamos, dejándolos prendidos hasta que el fuego se apague por sí solo.

Para la farsa:

5. Licuamos todos los ingredientes para este fin hasta tener una mezcla homogénea.
6. Vertemos la mezcla sobre el molde con la masa de tarta y encima le colocamos los trozos de plátano flameado.
7. A continuación la ponemos a hornear a 180°C durante 40 minutos.

8. Mientras tanto, sobre una lámina de acetato, formamos un círculo con el chocolate temperado y en el interior de este hacemos otras líneas que también le den la vuelta pero de manera desordenada; esperamos un poco a que se enfríe y le ponemos encima otra lámina de acetato.
9. Ponemos las láminas con el chocolate a refrigerar durante 10 minutos.
10. Pasado ese tiempo sacamos las láminas y despegamos el adorno.
11. A continuación sacamos la tarta y la desmoldamos sobre un plato (ya sea recién salida del horno o cuando se haya enfriado un poco).
12. Decoramos la tarta poniendo uno de los adornos sobre la superficie de los plátanos y haciendo en el plato unas líneas con lo que sobre del chocolate temperado.

70. TARTA TARTÍN

De manzanas y muy fácil de hacer

Cocer	Hornear	Nivel de dificultad

① Ingredientes

- 700 g de masa de hojaldre
- 6 manzanas
- 1 taza de agua
- 1 cucharada de azúcar

Notas:

② Procedimiento

1. Extendemos la masa de hojaldre y la cortamos al tamaño de un molde de tarta. Reservamos.
2. Pelamos, descorazonamos y cortamos las manzanas en octavos.
3. Hacemos un caramelo con el agua y el azúcar. Para ello, ponemos el azúcar en una olla con el agua, que debe rebasar ligeramente el azúcar.
4. Encendemos la estufa a fuego medio y esperamos hasta que tome un color dorado.
5. Lo retiramos del fuego, lo vertemos en la base del molde de tarta previamente engrasado y lo dejamos enfriar.
6. Sobre la base de caramelo acomodamos las manzanas en forma escalonada y en reguilete, y las espolvoreamos con una cucharada de azúcar.
7. A continuación cubrimos las manzanas con la pasta de hojaldre.
8. Barnizamos la superficie de la pasta con las yemas y la ponemos a hornear a 180°C durante 50 minutos.
9. Pasado ese tiempo la sacamos del horno, esperamos a que se enfríe, volteamos el molde y desmoldamos la tarta.

71. TIRAMISÚ

Batir Hornear Nivel de dificultad

1 Ingredientes

Para las soletillas:
- 6 huevos
- 130 g de azúcar
- 110 g de harina
- 60 g de maicena

Para la base de tiramisú:
- 250 g de queso crema
- 500 g de requesón sin sal
- 250 ml de crema batida
- 4 huevos
- 2 cucharadas de jarabe de maíz
- 70 ml de agua
- 280 g de azúcar
- 300 ml de café exprés
- 180 g de azúcar
- 1 molde redondo desmontable
- 400 g de soletillas
- 100 g de cocoa

2 Procedimiento

Para las soletillas:

1 Vertemos los huevos en la batidora y los batimos junto con el azúcar hasta que tripliquen su tamaño.

2 Después, mezclamos la harina con la maicena y pasamos la mezcla por un colador fino.

3 Incorporamos esta mezcla a la de huevos que tenemos en la batidora y las combinamos en forma envolvente hasta tener una masa homogénea.

4 Retiramos la masa de la batidora y rellenamos con ella una manga con la duya de repostería.

5 Preparamos una charola cubriéndola con papel encerado y, con ayuda de la manga, formamos las soletillas.

6 Cuando terminamos de formarlas, las horneamos a 170ºC durante 25 minutos. Las retiramos del horno y las reservamos.

Para la base de tiramisú:

7 Mezclamos en la batidora el queso crema con el requesón y le incorporamos la crema batida en forma envolvente.

8 Batimos los huevos en la batidora con el jarabe de maíz.

9 Hacemos un jarabe mezclando el agua y el azúcar hasta que esta se disuelva, y lo dejamos hervir hasta que alcance los 125ºC.

10 Vertemos el jarabe en la batidora, sobre los huevos batidos con el jarabe de maíz, y mezclamos hasta que todo se incorpore perfectamente.

11 Retiramos la mezcla de la batidora y la ponemos en una manga. La reservamos.

12 Hacemos un jarabe poniendo a calentar el café y el azúcar hasta que esta se disuelva.

13 Mojamos las soletillas en el jarabe de café y cubrimos con ellas la base de un molde redondo desmontable previamente engrasado.

14 Enseguida ponemos una capa de base de tiramisú, y así intercalamos capa tras capa hasta que se acaben las soletillas y la base de tiramisú, con la cual debemos terminar.

15 Esta última capa de base de tiramisú la vamos a formar haciendo remolinos de manera irregular con la manga, para crear un patrón único.

16 Al final espolvoreamos con la cocoa y refrigeramos. Desmoldamos antes de servir.

72. TOSTONES DE PLÁTANO Y CHOCOLATE

Freír

Refrigerar

Nivel de dificultad

1 Ingredientes

- 3 plátanos machos no maduros
- 1 l de aceite de maíz
- 1 kg de chocolate obscuro temperado
- 2 hojas de plástico
- 1 prensa de tortillas

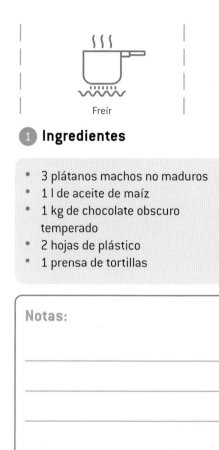

Notas:

_____

_____

_____

_____

_____

_____

_____

_____

_____

2 Procedimiento

1 Cortamos el plátano en rebanadas con un grosor de 4 cm y los freímos durante 1 minuto a 175°C.

2 Pasado ese tiempo los retiramos del aceite, los escurrimos para quitarles el exceso de grasa y los prensamos en una prensa de tortillas cubierta con una lámina de acetato. Ponemos sobre esta el trozo de plátano frito y lo cubrimos con otra para que se pueda despegar después de aplastarlo con la prensa.

3 Prensamos los plátanos y los ponemos de nuevo a freír hasta obtener la cocción y el color deseados.

4 Los retiramos del aceite y los ponemos sobre papel absorbente, los sazonamos con sal y los dejamos enfriar.

5 Preparamos una charola con papel encerado.

6 Enseguida cubrimos cada tostón con el chocolate temperado hasta un 70% y los colocamos sobre la charola.

7 Los ponemos a refrigerar durante 10 minutos hasta que se cristalicen.

73. TRONCO DE NAVIDAD

Batir

Hornear

Nivel de dificultad

① Ingredientes

Para la masa:
- 225 g de claras de huevo
- 225 g de azúcar
- 2 huevos medianos
- 180 g de yemas de huevo
- 45 g de mantequilla fundida
- 70 g de harina
- 75 g de polvo de almendra
- 1 cucharada de polvo para hornear

Para el relleno:
- 1 taza de mantequilla suavizada
- 1 taza de azúcar glas
- ³/₄ de taza de cocoa
- 3 cucharaditas de extracto de vainilla
- 2 cucharadas de leche

Para las decoraciones:
- Pintura liposoluble blanca y amarilla
- 100 g de chocolate blanco temperado pintado de morado
- 100 g de chocolate blanco temperado pintado de rojo
- 50 g de chocolate blanco temperado
- 50 g de chocolate blanco temperado pintado de naranja
- 100 g de chocolate oscuro temperado
- 80 g de cacao nibs

Para la masa:

1 Engrasamos una charola y la cubrimos con papel encerado para encamisarla.
2 Batimos las claras con el azúcar en la batidora hasta lograr un merengue.
3 Incorporamos a esta mezcla los huevos y posteriormente las yemas, una a una.
4 A continuación vertemos la mantequilla fundida (a 30°C) en forma de hilo y en un chorro constante.
5 Pasamos los ingredientes secos por un colador fino y los añadimos a la mezcla a velocidad baja.
6 Retiramos la mezcla de la batidora, la vertemos sobre la charola que tenemos reservada y la ponemos a hornear a 180°C durante 15 minutos.
7 Pasado ese tiempo la sacamos y esperamos a que se entibie. La reservamos.

Para el relleno:

8 Mezclamos todos los ingredientes en la batidora hasta obtener una mezcla lisa.
9 Vertemos y untamos este relleno, con ayuda de una espátula, sobre la plancha de bizcocho que tenemos reservada. Debemos hacer esto mientras el bizcocho sigue tibio y manejable, de lo contrario no estará tan flexible como para enrollarlo.
10 Con el mismo papel encerado comenzamos a enrollar el bizcocho cuidadosamente, despegando poco a poco el papel a medida que le vamos dando la vuelta.

11 Una vez armado el rollo cubrimos el resto del bizcocho con el relleno y lo alisamos pasándole un papel estrella.

12 Enseguida lo ponemos a congelar durante 1 hora.

Para la decoración:

13 Formamos plumas con el chocolate blanco. Para ello necesitamos una lámina de acetato, un tubo de PVC, chocolate blanco temperado y un cuchillo pequeño.

14 Para hacerlas comenzamos por sumergir la punta del cuchillo en el chocolate; enseguida colocamos el cuchillo sobre una lámina de acetato y dejamos escurrir el chocolate, levantando la lámina para hacer un ligero pliegue a la mitad del chocolate y marcar el raquis de la pluma.

15 Cuando hayamos formado todas las plumas que deseamos, metemos la lámina de acetato en un tubo de PVC para que tomen su curvatura y lo metemos al refrigerador durante 10 minutos.

16 Pasado ese tiempo sacamos el tubo, retiramos la lámina de acetato de su interior, desprendemos las plumas cuidadosamente y, con un cuchillo, hacemos pequeñas incisiones a los lados para que tomen más la forma de pluma.

17 Repetimos el proceso con el chocolate blanco pintado de naranja y reservamos junto con las primeras.

18 Salpicamos una lámina de acetato con gotas de la pintura liposoluble blanca y luego hacemos círculos con el chocolate blanco pintado de rojo. Hacemos lo mismo con la pintura amarilla y el chocolate blanco pintado de morado. Ponemos otra lámina de acetato encima y aplastamos ligeramente.

19 Refrigeramos la lámina durante 10 minutos. Posteriormente la sacamos y reservamos.

20 En otra lámina de acetato ponemos gotas de la pintura liposoluble blanca y con el chocolate oscuro hacemos sobre ellas el contorno de dos círculos de un tamaño mayor al del tronco de navidad. Ponemos otro acetato encima y aplastamos ligeramente.

21 Ponemos la lámina a refrigerar durante 10 minutos. Posteriormente la sacamos y reservamos.

22 A continuación sacamos el tronco de Navidad del refrigerador y lo decoramos al gusto con los adornos de chocolate. Finalmente lo espolvoreamos con cacao nibs.

74. TRUFAS DE CHOCOLATE Y CANELA AHUMADA

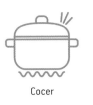

Cocer

Procesar

Nivel de dificultad

1 Ingredientes

Para las trufas:
- 1 rama de canela
- 1 cucharada de miel de maíz
- 300 ml de crema para batir
- 350 g de chocolate oscuro fundido
- 30 g de mantequilla

Para la decoración:
- Pintura liposoluble blanca
- 100 g de chocolate oscuro temperado

2 Procedimiento

1 Quemamos la mitad de la canela a fuego directo.

2 Enseguida ponemos a hervir la crema con la miel de maíz y la canela quemada.

3 Retiramos la mezcla del fuego y la vaciamos en un recipiente de 1 litro.

4 Metemos la crema a refrigerar durante un día.

5 Pasado ese tiempo la colamos y la ponemos de nuevo a calentar, sin dejar que hierva.

6 La retiramos del fuego y la vertemos en un procesador junto con el chocolate fundido y la mantequilla. La procesamos durante 1 minuto hasta obtener una emulsión.

7 Posteriormente la dejamos reposar cubierta con papel film durante 1 hora en el refrigerador. Reservamos.

Para la decoración:

8 Salpicamos la pintura liposoluble blanca sobre una lámina de acetato, luego hacemos puntos de chocolate temperado encima, tapamos con otra lámina de acetato y presionamos para formar círculos.

9 Refrigeramos la lámina durante 10 minutos.

10 Pasado ese tiempo la sacamos y retiramos los círculos del acetato. Los reservamos.

11 Sacamos porciones de 12 g de la crema que teníamos reservada y, con la ayuda de una cuchara, las redondeamos para hacer las trufas.

12 Cuando están listas las pasamos por la cocoa y las bañamos con el chocolate temperado restante.

13 Les ponemos encima los círculos de chocolate que teníamos reservados, procurando que se peguen, y las metemos a refrigerar durante 10 minutos.

14 Después de ese tiempo están listas para consumirse.

75. TRUFAS

Para que los niños las preparen

Refrigerar

Nivel de dificultad

1 Ingredientes

- 270 ml de crema para batir
- 400 g de chocolate de leche en trozos
- 30 g de mantequilla
- 200 g de cocoa
- 100 g de azúcar glas
- 200 g de chocolate de leche

Notas:

_____

_____

_____

_____

_____

_____

_____

_____

_____

_____

2 Procedimiento

1 Calentamos la crema en el microondas durante 50 segundos.

2 La sacamos y la vertemos aún caliente en un depósito de plástico de un litro, después vertemos el chocolate en trozos (se empezará a derretir por la crema caliente) y con la ayuda de un procesador de mano mezclamos para que se integre. Agregamos la mantequilla en cubos para que se emulsione.

3 Dejamos reposar la crema cubierta con papel film durante 2 horas en el refrigerador.

4 Pasado ese tiempo la sacamos y, con la ayuda de una cuchara, extraemos las porciones del tamaño que queremos hacer las trufas.

5 Mezclamos la cocoa con el azúcar glas.

6 Redondeamos las trufas espolvoreándolas con un poco de esta mezcla de cocoa.

7 Después, las volvemos a pasar por el chocolate y nuevamente por la mezcla de cocoa con azúcar glas. Las sacudimos para quitar el excedente y las dejamos reposar durante 5 minutos.

8 Pasado ese tiempo estarán listas para consumirse.

76. TURRÓN BLANCO
Como el del súper

Batir

Hornear

Nivel de dificultad

① Ingredientes

- 260 g de almendras
- 90 g de pistaches enteros
- 120 ml de agua
- 380 g de azúcar
- 180 g de glucosa
- 250 g de miel
- 70 g de claras
- 5 gotas de jugo de limón
- 1 cucharadita de extracto de vainilla

Notas:

② Procedimiento

1. Tostamos las almendras y los pistaches a 150°C durante 8 minutos; después los sacamos del horno pero los mantenemos calientes.
2. En una olla preparamos un jarabe calentando el agua, el azúcar y la glucosa hasta que alcancen los 150°C.
3. Ponemos a calentar la miel hasta que alcance los 135°C.
4. Vertemos las claras con las gotas de limón en la batidora y las trabajamos hasta que lleguen a un punto jabonoso; y sin dejar de batir, cuando la miel haya alcanzado la temperatura indicada, la vertemos sobre la mezcla de claras hasta que se formen picos suaves. Enseguida agregamos el jarabe e incorporamos el extracto de vainilla.
5. Apagamos la batidora, añadimos las almendras y los pistaches calientes y volvemos a batir para mezclarlos.
6. Engrasamos un molde y lo espolvoreamos con suficiente azúcar glas.
7. Vertemos en él la mezcla del turrón con mucho cuidado, pues se trata de una preparación muy caliente, y la extendemos de manera uniforme sobre este.
8. Dejamos reposar por 24 horas.
9. Cortamos el turrón en pedazos del tamaño deseado, los desprendemos y servimos.

77. UNTUOSO DE CHOCOLATE
Para el pan tostado

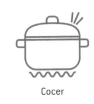

Cocer

Envasar

Nivel de dificultad

1 Ingredientes

- 250 ml de crema para batir
- 70 g de azúcar
- 20 g de cocoa
- 150 g de chocolate oscuro
- 50 g de mantequilla

Notas:

2 Procedimiento

1. En una olla mezclamos la crema con el azúcar y la cocoa y la ponemos a hervir hasta que alcance el punto de ebullición.
2. Después le agregamos el chocolate previamente picado y la mantequilla en trozos, revolviendo para obtener una mezcla homogénea.
3. Cuando todo se haya integrado retiramos la mezcla del fuego y la envasamos en frascos que conservamos en refrigeración

78. VERRINE DE TRES LECHES DE CHOCOLATE

Batir

Refrigerar

Nivel de dificultad

1 Ingredientes

Para la tres leches de chocolate:
- 1 lata de leche evaporada
- 300 ml de leche entera
- 150 ml de crema para batir
- 1 cucharada de cocoa
- 2 cucharadas de chocolate de mesa en polvo
- 1 lata de leche condensada

Para el montaje:
- Tres leches de chocolate
- 400 g de fresas (cortadas en cuartos)
- 100 g de brillo neutro
- 200 g de chocolate blanco pintado de rosa
- Pintura liposoluble color azul
- Frascos de vidrio

2 Procedimiento

Para la tres leches de chocolate:

1 Ponemos a hervir todos los ingredientes, excepto la leche condensada, durante 7 minutos.

2 Pasado ese tiempo retiramos la mezcla del fuego, la dejamos enfriar y agregamos la leche condensada. Reservamos.

3 Batimos la crema obtenida con el azúcar y la vainilla hasta obtener una mezcla firme. Reservamos.

Para el montaje:

4 En una lámina de acetato salpicamos puntos de pintura liposoluble azul, luego hacemos puntos de chocolate blanco color rosa, y sobre estos ponemos otra lámina de acetato; la aplastamos para crear círculos. Ponemos a refrigerar la lámina con chocolate durante 10 minutos.

5 Pasado ese tiempo la sacamos y despegamos los círculos.

6 En frascos, empezamos poniendo una capa de la tres leches de chocolate, después otra de las fresas bañadas en brillo neutro y por último una de crema batida.

7 Repetimos el proceso una vez más y coronamos con el círculo de chocolate.

79. VOLCÁN DE CHOCOLATE
Que se derrite por dentro

Batir

Hornear

Nivel de dificultad

1 Ingredientes

- 375 g de mantequilla
- 250 g de azúcar
- 37 g de harina
- 400 g de huevo
- 150 g de yemas de huevo
- 375 g de chocolate oscuro
- Flaneras de metal

Notas:

_____

_____

_____

_____

_____

_____

_____

_____

_____

_____

2 Procedimiento

1 Cortamos la mantequilla en cubos y la ponemos en la batidora con el azúcar. Batimos hasta que se incorporen y enseguida añadimos la harina y los huevos, uno a uno, hasta que se integren perfectamente; hacemos lo mismo con las yemas.

2 Calentamos el chocolate a 35°C y lo vertemos en forma de hilo (un chorro continuo y sin interrupciones) sobre la mezcla anterior hasta obtener un aspecto homogéneo.

3 Preparamos las flaneras de metal untándolas con mantequilla y forrando el interior con papel encerado.

4 Vertemos la mezcla en las flaneras y la ponemos a refrigerar un mínimo de 24 horas.

5 Pasado ese tiempo sacamos y las metemos a un horno de convección para cocer los volcanes a 180°C durante 8 minutos.

6 Se recomienda servirlos calientes para que el centro esté líquido.

80. VOLTEADO DE PIÑA

Batir | Hornear | Nivel de dificultad

1 Ingredientes

Para el bizcocho:
- 2 tazas de harina
- 1 taza de azúcar blanca
- 2 cucharaditas de polvo para hornear
- $^1/_2$ cucharadita de sal
- 250 g de mantequilla
- 1 taza de crema ácida
- 1 huevo
- 1 taza de jugo de piña
- 1 cucharada de extracto de vainilla

Para el caramelo:
- $^1/_4$ de taza de mantequilla
- 1 taza de azúcar morena
- 6 rebanadas de piña en lata
- 6 cerezas marrasquino

Para la decoración:
- 2 rebanadas más de piña en lata cortadas en trozos
- Pintura liposoluble roja
- 100 g de chocolate de leche temperado
- 100 g de chocolate blanco temperado

2 Procedimiento

Para el bizcocho:
1. Pasamos por un colador fino todos los ingredientes secos.
2. En una batidora los mezclamos con los 250 g de mantequilla, la crema ácida y el huevo.
3. Mezclamos el jugo de piña con el extracto de vainilla e integramos esta mezcla a la anterior.

Para el caramelo:
4. En un sartén fundimos $^1/_4$ de taza de mantequilla junto con el azúcar morena hasta que se disuelva bien.
5. Vertemos este caramelo en el fondo del molde de pastel previamente engrasado.
6. Acomodamos las rodajas de piña en lata sobre el caramelo y en el centro de cada rodaja ponemos una cereza marrasquino.
7. Una vez acomodada la piña vertemos sobre ella la mezcla de bizcocho.
8. Horneamos el pastel a 180°C durante 40 minutos.
9. Pasado ese tiempo lo sacamos del horno, lo dejamos enfriar y lo desmoldamos.

Para la decoración:
10. En una lámina de acetato del tamaño suficiente para hacer un aro con el diámetro más grande que el del molde, hacemos pinceladas con la pintura liposoluble roja y le ponemos encima una capa de chocolate de leche temperado.
11. En otra lámina de acetato más pequeña, que alcance para hacer otro aro más chico, hacemos lo mismo.
12. Cerramos los aros con cinta adesiva y los ponemos a refrigerar durante 10 minutos.
13. Posteriormente sacamos las láminas, extraemos los aros con cuidado para no romperlos y pulimos las orillas para que se vean parejos.
14. A continuación hacemos círculos pequeños en otra lámina de acetato. Encima, hacemos pinceladas de pintura liposoluble roja y dejamos caer gotas grandes de chocolate blanco temperado. Ponemos otro acetato encima y presionamos.
15. Refrigeramos estas láminas durante 10 minutos, después las sacamos y despegamos los círculos.
16. Ponemos el círculo grande alrededor del volteado de piña, el pequeño lo ponemos encima y lo rellenamos de los trozos de piña. Completamos la decoración poniendo encima de todo los círculos de chocolate pequeños.

Bombones de chocolate

1 Ingredientes

- 100 g de manteca de cacao o cobertura blanca
- Pintura liposoluble de los colores que se desean
- Ganache del sabor que se desea para el relleno de los bombones
- Casquillos (molde para chocolates) de la forma que se prefiera
- 200 g de chocolate de leche temperado para cubrir los bombones

2 Procedimiento

1 Una vez que terminamos de decorar los casquillos con las mezclas de manteca de cacao o cobertura de chocolate blanco y pintura liposoluble, los metemos al refrigerador de 5 a 10 minutos para enfriar la cobertura.

2 Pasado ese tiempo sacamos los casquillos y los rellenamos con el chocolate temperado hasta el borde.

3 En cuanto terminemos de llenarlos les damos vuelta para vaciarlos y con una espátula quitamos el exceso de chocolate para sacar la mayor cantidad posible, de modo que solo quede una capa delgada de este.

4 Cuando terminamos de aplicar la capa de chocolate, ponemos a enfriar los casquillos en un lugar fresco durante 12 horas o en el refrigerador durante una hora.

5 Después de ese tiempo los sacamos y los rellenamos con la ganache del sabor que elegimos, procurando no llegar hasta el borde, ya que necesitamos dejar espacio para poder cubrirlos con más chocolate.

6 Enseguida, les ponemos la cubierta de chocolate y la emparejamos con una espátula para que no queden huecos por donde se vea el relleno.

7 Cuando todos estén cubiertos los ponemos a refrigerar durante un día para que se endurezcan.

8 Posteriormente sacamos los casquillos y uno a uno desmoldamos los bombones, para lo cual bastará con golpear ligeramente el molde.

Caramelo para flan

1 Ingredientes:

- 1 taza de azúcar
- 85 ml de agua

2 Procedimiento:

1 En un sartén ponemos el azúcar y un poco de agua, esta última apenas deberá rebasar el azúcar.

2 Ponemos a calentar la mezcla a fuego medio hasta que el azúcar se disuelva y tome un color dorado quemado; en ese momento el caramelo estará listo y ya podremos retirarlo del fuego.

3 Lo vaciamos en el molde y lo esparcimos para que cubra todo el fondo.

Galleta para la base de mousse

1 Ingredientes

- 150 g de mantequilla
- 100 g de azúcar
- 5 yemas de huevo
- 250 g de maicena
- 150 g de harina
- 1 cucharadita de polvo para hornear
- $1/3$ de cucharadita de sal
- $1/2$ cucharadita de ralladura de limón

2 Procedimiento

1. Ponemos en la batidora la mantequilla con el azúcar y la batimos hasta acremar. Agregamos a esta mezcla las yemas, una por una, hasta integrarlas.
2. Colamos todos los ingredientes secos y los mezclamos con la sal y la ralladura de limón. Incorporamos esta mezcla a la de las yemas y continuamos batiendo hasta obtener una masa uniforme.
3. Apagamos la batidora y dejamos la masa reposando durante 3 minutos en el refrigerador.
4. Espolvoreamos la mesa con un poco de maicena y extendemos la masa hasta que tenga el grosor deseado.
5. Cortamos círculos de un tamaño mayor que el de los moldes del mousse y los horneamos en una charola previamente engrasada a 180°C durante 12 minutos.
6. Sacamos las galletas y las dejamos enfriar.

Ganache de chocolate

1 Ingredientes

- 250 ml de crema para batir
- 424 g de chocolate de leche
- 1 pizca de sal
- 22.2 g de mantequilla en cubos

2 Procedimiento

1. Calentamos la crema y el chocolate de leche hasta que la temperatura alcance los 35°C.
2. Cuando esto suceda procesamos con turbo de mano y le vamos incorporando la sal y poco a poco la mantequilla en cubos hasta que se emulsione la mezcla.
3. La cubrimos con papel film y la dejamos reposar en refrigeración.

Macarrones

1 Ingredientes

Para el merengue:
- 245 g de azúcar refinada
- 65 ml de agua
- 85 g de claras de huevo

Para la pasta:
- 100 g de claras de huevo
- 275 g de polvo de almendra cernido
- 275 g de azúcar glas
- 1 manga con duya número 12 lisa
- Colorante del color que se desee

2 Procedimiento

Para el merengue italiano:

1 En una olla de inducción colocamos el azúcar con el agua y dejamos reposar durante 10 minutos para que se hidrate.

2 Comenzamos a batir las claras a velocidad baja (velocidad 3) hasta que lleguen a una textura jabonosa.

3 Preparamos un jarabe calentando el azúcar que dejamos reposar con el agua hasta que hierva a 116.5°C.

4 Una vez que esté listo lo vertemos sobre las claras en forma de hilo. Incrementamos poco a poco la velocidad hasta llegar a 7. Después, apagamos la batidora y dejamos que el merengue baje de temperatura.

Para hacer una pasta en el procesador:

5 En un procesador de alimentos vertemos el azúcar glas y el polvo de almendra (es importante que lo hagamos en este orden; de lo contrario, el polvo de almendra comenzará a liberar toda la grasa).

6 Encima de estas dos capas vertemos las claras de huevo, cuidando que se acomoden al centro del procesador. Antes de que se incorporen vertemos sobre las claras las gotas de colorante necesarias. Lo hacemos así porque si se agregan directamente al polvo cabe la probabilidad de que los pigmentos no se lleguen a disolver y se queden en la macarronada.

7 Procesamos durante 2 minutos o hasta obtener una pasta «pesada».

Para la macarronada:

8 Vaciamos la pasta de almendras que hicimos en el procesador en un bol de acero y, de forma envolvente, incorporamos el merengue italiano en 3 partes. Para ello, nos ayudamos con una espátula miserable grande, y con mucho cuidado castigamos la mezcla.* El proceso se repite 3 veces. En cada una de ellas, incorporamos una parte del merengue a la perfección.

9 La macarronada estará lista para rellenar la manga cuando la espátula se levante unos 10 cm y la caída de la mezcla sea constante. Es importante que la mezcla no caiga de golpe porque entonces sería demasiado pesada para aplicarla con la manga.

Para el duyado:

10 Preparamos una manga montada con una duya del número 12.

11 Cuando esté lista la utilizamos para aplicar la mezcla sobre tapetes siliconados, debajo de los cuales tendremos una guía de macarrón impresa con círculos de 3.6 cm de diámetro y a 1.7 cm de distancia entre sí.

Para el horneado:

12 Calentamos el horno a 100°C y mantenemos esta temperatura constante durante 5 minutos antes de meter los macarrones.

13 Acomodamos los tapetes siliconados con los macarrones sobre charolas para hornear.

14 Horneamos los macarrones a 105°C durante 6 minutos. Pasado este tiempo giramos las charolas 180° y cocemos durante 15 minutos más.

15 Retiramos del horno y dejamos enfriar los tapetes para darles media vuelta y así desmoldar los macarrones.

16 Comenzamos a calzar las bóvedas. Para esto, elegimos pares que sean aproximadamente del mismo tamaño.

17 Finalmente las rellenamos con la ganache del sabor correspondiente.

Masa para tarta

1 Ingredientes

- 320 g de mantequilla
- 160 g de azúcar
- 1/2 cucharadita de sal
- 500 g de harina
- 2 huevos
- 1 cucharada de vainilla

2 Procedimiento

1 Acremamos la mantequilla fría con el azúcar y la sal.

2 Agregamos poco a poco la harina hasta obtener una masa arenosa, después añadimos los huevos batidos con la vainilla.

3 La retiramos de la batidora, la amasamos hasta que esté completamente tersa y la dejamos reposar en el refrigerador durante 20 minutos.

4 Pasado ese tiempo la extendemos en un molde previamente engrasado, picamos toda la superficie que cubre con un tenedor y, para evitar que se infle, la cubrimos con papel encerado y le ponemos frijoles encima.

5 La horneamos a 180°C durante 18 minutos.

6 La sacamos del horno, le quitamos el papel y la horneamos otros 5 minutos mas.

7 Reservamos para aplicar el relleno de la tarta.

Pinturas liposolubles

1 Ingredientes

- 500 g de manteca de cacao fundida
- 50 g de colorante liposoluble

2 Procedimiento

1 Mantenemos la manteca de cacao tibia (entre 30-35°C).

2 Aplicamos el colorante y lo mezclamos con ayuda de una cuchara (es importante que sea liposoluble, de lo contrario no se podrá diluir).

3 Mezclamos con un turbo de mano.

4 Colamos la mezcla con ayuda de una manta muy fina y reservarmos.

---

* **Castigar** es incorporar con fuerza para romper las burbujas al interior de una mezcla. Para comprender bien cómo se hace este movimiento consulta las fotografías del paso a paso.

PASO A PASO
Temperado de chocolate

Vertemos hielos en un tazón hasta la tercera parte de su capacidad.

Agregamos al tazón agua fría del refrigerador para mantener la constitución del hielo durante el mayor tiempo posible.

En un tazón más pequeño agregamos el chocolate que calentamos previamente en el microondas hasta derretirlo por completo. Colocamos este tazón sobre el que contiene los hielos.

Con la ayuda de una espátula movemos el chocolate de la periferia hacia el centro.

Lo centramos para que el frío sea homogéneo.

Con un termómetro digital revisamos que la temperatura sea de alrededor de 30°C.

Para revisar la cristalización del chocolate, bañamos con él el 50% de un papel.

Dejamos reposar de 7 a 10 minutos para ver su cristalización.

El resultado debe ser un chocolate firme y sin líneas blancas.

Hidratar la grenetina

Cómo usar la grenetina en polvo

Para hidratar la grenetina se requiere mezclarla con agua en una proporción de 6 a 1, es decir, una parte de grenetina por 6 de agua.

Con la ayuda de un batidor de globo vamos mezclando perfectamente a medida que agregamos el agua a la grenetina en forma continua. Mezclamos enérgicamente revisando que no haya grumos.

Dejamos reposar hasta que se haga gel.

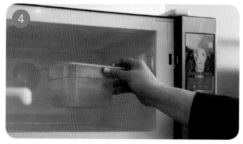

Para fundirla la ponemos a calentar en el microondas en 3 lapsos de 30 segundos cada uno.

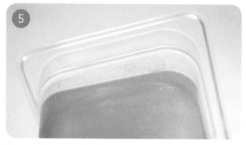

Nos cercioramos de obtener una mezcla homogénea y cristalina.

Una vez fundida la dejamos reposar durante 10 minutos en refrigeración.

Verificamos que la gelatina esté firme.

Macarrones
La receta infalible
paso a paso

En una olla agregamos el azúcar refinada y limpia de toda suciedad.

Vertemos el agua y nos cercioramos de que cubra la superficie del azúcar en su totalidad.

Hacemos un jarabe a fuego medio.

Con la ayuda de un termómetro revisamos la temperatura. Nuestra meta es que alcance los 116°C. Al llegar a 100°C comenzamos a hacer un merengue con las claras y el azúcar.

Hacemos un merengue con claras frescas.

A continuación vertemos el jarabe en las claras batidas.

A punto de hilo constante, y sin parar, vertemos todo el jarabe, cerciorándonos de que este se vierta entre las varillas y el tazón.

En un procesador de alimentos agregamos el azúcar glas cernida.

Enseguida agregamos el polvo de almendra cernido.

Vertemos las claras de huevo frescas.

Vertemos el colorante.

Procesamos durante 2 minutos hasta tener una pasta homogénea.

Vaciamos en un tazón 4 veces más grande que el tamaño de la pasta para que sea cómodo trabajar.

Agregamos el merengue en 3 partes; la primera es para suavizar la pasta de almendra.

Incorporamos perfectamente bien.

Con la ayuda de una espátula miserable hacemos movimientos envolventes.

Agregamos la segunda parte del merengue.

Incorporamos de nuevo realizando movimientos envolventes.

Nos cercioramos de que la mezcla sea homogénea.

Agregamos la tercera parte.

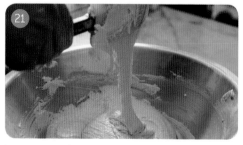

Incorporamos hasta tener el punto de listón.

Vaciamos a una manga con duya número 12 lisa.

Hacemos plantillas de círculos de 3.6 cm de diámetro con un espacio de 1.7 cm entre cada círculo y las cubrimos con tapetes de silicón.

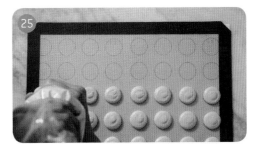

Formamos círculos con la duya conforme al patrón de abajo.

Ponemos los tapetes con los macarrones en charolas y las llevamos al horno.

Horneamos a 105°C durante 6 minutos.

Pasado ese tiempo volteamos las charolas y las horneamos durante otros 15 minutos.

Enseguida retiramos las charolas del horno y las colocamos sobre una rejilla para que se enfríen.

Volteamos los tapetes para sacar los macarrones y los unimos unos con otros conforme a su tamaño.

Los rellenamos con su respectiva ganache.

Unimos las bóvedas.

Presionamos con cuidado y a 2 manos.

Nos cercioramos de que el relleno no sobrepase el diámetro del macarrón.

¡Listos!

EL DULCE EMPRENDIMIENTO
Que nos salgan las cuentas es lo más importante de un negocio

Entonces, ¿ya te decidiste a empezar tu negocio? ¡Muy bien! Ahora, a trabajar. Hay mucho por hacer antes de comenzar a vender. Pero calma, iremos de la mano en este nuevo inicio. Y recuerda: vas a ser grande; entonces, hay que pensar así desde hoy.

¿O ya empezaste tu negocio? No importa. Puedes vender mejor y más. Ya sea un negocio de pasteles o quesadillas, siempre hay caminos para mejorar. Incluso la gelatina, ¡es muy redituable! La idea es animarse. ¿Listo? Comencemos.

ANTES QUE NADA: COSTOS

Lo primero que tienes que hacer antes de encender el horno y empezar a cocinar, es aprender a sacar tus costos. Es muy importante que siempre comiences desde cero con un buen costeo de tu receta.

¿A qué nos referimos con **costeo**? Hablamos de saber cuánto nos cuesta monetariamente lo que necesitamos para trabajar, para después conocer el precio al cual podemos vender nuestros productos y obtener ganancia. Esto debe incluir tanto los ingredientes que lleva la receta, como los servicios de gas, luz, agua y demás insumos que utilizamos para elaborarla.

> Costo = cuánto nos cuesta trabajar
> Precio = a cuánto vendemos

Cuando uno empieza su negocio puede parecer fácil poner un precio arbitrario (porque nuestro amigo nos dijo que eso pagaría; porque otra persona vende lo mismo a ese precio; porque «¿Cómo voy a cobrar más?», «¿Cómo voy a cobrar menos?»), pero, en realidad, la respuesta para fijar el precio de nuestro producto es mucho más sencilla y objetiva. Todo va de la mano de nuestro costeo.

Al hablar de costeo en pastelería, o en otro negocio de comida, utilizaremos como principio el concepto del **costo de alimento**. El coste implica conocer cuánto nos cuesta comprar cada insumo para elaborar la receta, y es importante que represente entre 30 y 35% de nuestro precio. ¿Qué quiere decir esto? Nuestro **precio de venta** va a ser de 100% y nuestro costo de alimento consistirá en 30-35% de este, dejando 65-70% de ganancia. En otras palabras, si vendemos algo, por ejemplo, en $10.00 pesos, el producirlo nos tuvo que costar $3.50, lo cual implica que nuestra ganancia sería de $6.50 pesos.

$$Costo = 30\text{-}35\%$$
$$Precio = 100\%$$
$$Ganancia = 65\text{-}70\%$$

Más adelante hablaremos de las mermas, que representan una deducción de aproximadamente 10% de la ganancia. ¡No te espantes! Parecen malas noticias, pero en realidad es un proceso estándar que tienen que tener en cuenta todos los reposteros en su negocio. En otro apartado revisaremos este aspecto con mayor detenimiento. En este momento el objetivo es que la ecuación costo-precio-ganancia quede muy clara, pues es la base de todo el aparato de costeo.

Es muy importante saber esto desde el inicio. De lo contrario, puedes comenzar con el pie izquierdo y quizá termines cobrando menos por tus productos. O puede que no te des cuenta de que un determinado producto no es tan redituable, por lo cual mantenerlo en el negocio puede hacerte más mal que bien.

Cuida tu 30-35% de costo de alimento. Cuando mucho, este puede llegar a representar 40% del precio final. Si eres muy hábil, como las empresas grandes, puedes incluso reducirlo a 10% del precio. Pero, por el momento, mi recomendación es que trabajes con 30-35 %. Esto te ayudará a entender varios aspectos de tu negocio. Por ejemplo, identificarás los productos a los que les vas a ganar mucho, así como los que no te dejarán tanto margen de ganancia, pero que debes mantener porque tienen mucha demanda. El que no los tengas puede dar como resultado que tu cliente acuda a otro establecimiento. Lo mejor es que trates de tenerlos entre tus productos. Ganas poco, pero evitas que los clientes los busquen en otro lugar.

¿DE DÓNDE SACO LOS COSTOS?

Cuando compres los ingredientes siempre podrás buscar dónde conseguir los mejores precios. **La Central de Abasto** es un excelente lugar para encontrar productos de calidad y de temporada a muy buen precio.

Sin embargo, tienes que trabajar todos los costos con base en los de un supermercado; de preferencia, el más caro. ¿Por qué? Digamos que eres un excelente emprendedor, muy organizado. Tienes tus días fijos para ir de compras, por ejemplo, los lunes, cuando vas a la Central de Abasto o a un excelente mercado que se pone en tu colonia. Compras los ingredientes que sabes que necesitarás para toda la semana. Pero entonces te llega un pedido extraordinario y no tienes tiempo ni de ir a la Central de Abasto ni al mercado que se pone los lunes. Pero tienes el supermercado en la esquina y vas corriendo a comprar los ingredientes necesarios para ponerte trabajar cuanto antes.

Esto suele ocurrir. No obstante, si en tus costos ya están considerados los precios del supermercado más caro, puedes trabajar con tranquilidad. Así nunca vas a perder. No te excedes en tus costos porque la receta se basa en los precios de un supermercado. Ya consideraste ese margen de error desde tu presupuesto inicial. Pero debo admitir, sí hay una pérdida evidente cuando se trabaja con productos de supermercado: la calidad. Siempre va a ser mejor comprar productos de calidad en un mercado que en un supermercado comercial, así que procura no adquirir siempre tus productos en la esquina.

HAGAMOS MATEMÁTICAS

Muy bien, hablemos de números. Ya sé: qué horror. Entiendo. Por mi parte, no soy bueno con los números. Reprobé matemáticas en la escuela. Pero si algo sé es costear y cobrar.

Costear no es difícil, pero sí es laborioso. Sin embargo, si lo haces bien desde el principio solo necesitarás hacerlo una vez, y después podrás trabajar sobre lo ya hecho.Mucha gente no llega a comprender por qué no gana bien si trabaja y vende mucho. Esto se debe principalmente a que no sabe sacar sus costos. Pero no necesitas descubrir el «hilo negro» de las matemáticas. En realidad, solo tienes que trabajar con dos operaciones aritméticas: **multiplicación y división**, las que te permitirán seguir tus reglas de oro, que a partir de ahora serán las «reglas de tres».

Las **reglas de tres** básicamente significan que conoces tres cosas:

a) El peso o gramaje de un ingrediente que venden en el supermercado.
b) El precio de ese ingrediente.
c) El gramaje que necesitas en la receta.*

Y buscas:

d) El costo de alimento.

Para conocerlo solo tienes que tomar una calculadora y ordenar los elementos de esta manera: **gramaje con gramaje, precio con precio**. Entonces, para calcular el precio de la receta multiplicas el gramaje de la receta (c) por el precio del ingrediente en el supermercado (b). El resultado lo divides entre el gramaje del ingrediente vendido (a). Y así obtienes el costo de alimento (d).

> * Los precios contemplados en este ejercicio toman como referencia los del mercado en 2018.

Si necesitas tomar un papel para visualizar las cosas, hazlo. Lo importante es que hagas tus cálculos.

$$a = b$$
$$c = \text{¿}d\text{?}$$

$$\frac{c \times b}{a} = d$$

Gramaje a la venta = precio a la venta
Gramaje en la receta = ¿costo de alimento?

$$\frac{\text{gramaje en la receta} \times \text{precio a la venta}}{\text{alimento gramaje a la venta}} = \text{costo de alimento}$$

Es vital saber costear y costear *todo*. Tendrás que hacer esto con todos los ingredientes para conocer el costo de la receta. El grado de dificultad depende de cada receta. Hay ingredientes cuyos precios pueden variar, ya sea en el supermercado o incluso en la elaboración casera. Se tienen que contemplar las variables, pero se aprende trabajando y una vez que entiendes cómo costear las cosas salen solas.

ENTRE PIÑAS Y MACARRONES

Trabajemos con unos ejemplos, pequeños y grandes.

1. Agua de piña

Primer ejercicio: vamos a hacer agua de piña —probablemente la peor agua que podamos hacer—. ¿Por qué? Digamos que la piña entera cuesta $72.00 y pesa alrededor de 2.50 kg. Sin embargo, no vamos a usar la corona, el hueso ni la cáscara, lo cual implica que de esos 2.50 kg vamos a perder alrededor de 70% (más o menos, 1,750 g), que se tienen que sumar al precio final. Nos quedan 600 g. ¿Cuánto te costaron realmente esos 600 g?

Multiplicamos 600 g por $72.00 pesos. El resultado (43,200) lo dividimos entre 2.50 kg (que en gramos equivaldrían a 2,500 g). Al final, tenemos que de los $72.00 que gastamos, lo que resta de piña tiene un costo real de $17.28 (que, si redondeamos los centavos para facilitar los cálculos, serían $17.50).

$$2,500 \text{ g} = \$72.00$$
$$600 \text{ g} = \text{¿}\$\text{?}$$

$$\frac{600 \times 72}{2,500} = 17.28$$

Esto quiere decir que perdimos $54.50 en merma ($72.00 - $17.50 = $54.50). ¿Queremos seguir preparando agua de piña? Probablemente no, puesto que para recuperar lo perdido tendríamos que vender el agua cara y es casi seguro que no nos la van a comprar. Esto está definido por los números.

Moraleja: tienes que revisar la merma que se genera **por ingrediente**. No siempre nos vamos a encontrar con casos de merma tan grande como la de la piña, pero siempre hay que tener cuidado con este tipo de cosas.

2. Macarrones

Ahora trabajemos con una receta de macarrones. Un macarrón se compone de dos bóvedas y el relleno. Cada parte tiene su receta. Además, hay que tener en cuenta que la receta de la bóveda da para, por ejemplo, una producción de 62 macarrones, mientras que la receta del relleno alcanza para 96 macarrones. Entonces, para cada receta tendrás que sacar el costo de toda la preparación y el costo de cada macarrón.

Otra cosa muy importante también es considerar **la relación entre el pedido y la receta.** Digamos que alguien te encarga solo diez macarrones, pero de tu receta sacas 62. ¿Qué hay que hacer? No podemos preparar toda la receta porque perdemos al producir la tanda completa ante una venta menor. Frente al cliente puedes optar por dos caminos: ajustar la receta para preparar la cantidad solicitada, o decirle: «Sí, te puedo hacer los macarrones, pero a partir de un pedido de 62», porque es lo que sale de tu receta. Solo si tuvieras una gran producción valdría la pena aceptar el pedido; de lo contrario, no.

Teniendo esto en cuenta, empecemos.

Para la bóveda necesitamos:
- 245 g de azúcar
- 65 ml de agua
- 85 g de claras de huevo
- 275 g de polvo de almendra
- 275 g de azúcar glas
- 100 g de claras de huevo (otra vez)
- Colorante al gusto

Los precios en el supermercado de cada ingrediente son:
- 1 kg de azúcar refinada: $20.00 pesos
- 1 l de agua: $5.25 pesos
- Un paquete de 18 piezas de huevo: $29.90 pesos
- 1 kg de polvo de almendra: $313.20 pesos
- 1 kg de azúcar glas: $21.00 pesos

Entonces:

La receta dice que necesitamos 245 g de azúcar refinada. El azúcar cuesta $20.00 pesos el kilo o 1,000 g. Entonces, ¿cuánto cuestan 245 g? Se multiplican 245 g por $20.00, lo que da un total de 4,900. Esto se divide entre los 1,000 g. Por ende, 245 g de azúcar para la receta cuestan $4.90 pesos. Lo más prudente es cerrar el número en este caso a $5.00.

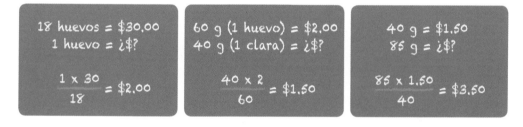

$$1,000 \text{ g} = \$20.00$$
$$245 \text{ g} = ¿\$?$$

$$\frac{245 \times 20}{1000} = \$4.90$$

Listo: tenemos el costo del primer ingrediente de la receta. Así vas sacando el costo por ingrediente.

Habrá casos en los que se necesitarán más cálculos, como el del huevo y las claras. Un huevo pesa 60 g y 40 g corresponden a la clara. Hay que hacer un primer costeo: la caja de 18 huevos cuesta $30.00. ¿Cuánto cuesta un huevo? Dividimos $30.00 entre 18 piezas; cada huevo de 60 g cuesta $2.00. ¿Y la clara? Más o menos $1.50. La receta pide 85 g de clara (para el merengue). El costo de la clara en la receta es $3.50.

$$18 \text{ huevos} = \$30.00$$
$$1 \text{ huevo} = ¿\$?$$
$$\frac{1 \times 30}{18} = \$2.00$$

$$60 \text{ g (1 huevo)} = \$2.00$$
$$40 \text{ g (1 clara)} = ¿\$?$$
$$\frac{40 \times 2}{60} = \$1.50$$

$$40 \text{ g} = \$1.50$$
$$85 \text{ g} = ¿\$?$$
$$\frac{85 \times 1.50}{40} = \$3.50$$

El costeo al principio es elaborado, sobre todo cuando se hace con lápiz y papel, manualmente. Pero una vez hecho, más adelante puedes utilizar la computadora y hojas de cálculo para ayudarte a hacer las conversiones. Lo importante es revisar, al menos cada mes, los precios de los productos en el supermercado.

A lo que corresponde a montos no específicos, como el colorante, le pondremos un precio estándar, como $5.00. A esta receta agrégale, por ejemplo, $5.00 adicionales por el costo del gas necesario para hornear.

Una vez que tienes todos los costos de cada producto de la receta, los sumas. En el caso de los macarrones, la suma de todos los costos de los ingredientes nos da un costo total para la receta de las bóvedas de macarrón de $103.50. Por receta salen entre 60 y 65 macarrones —dejémoslos en 62—, entonces se dividen los $103.50 pesos entre 62 piezas, lo que nos arroja un costo por bóveda de cada macarrón de $1.60 pesos. Ahora bien, hay que considerar que cada macarrón utiliza 2 bóvedas, así que al multiplicar 1.60 por 2 resulta que el costo de las bóvedas por macarrón es en realidad de $3.20 pesos.

$$62 \text{ m} = \$103.5$$
$$1 \text{ m} = ¿\$?$$

$$\frac{1 \times 103.5}{62} = \$1.60 \qquad 1.60 \times 2 = \$3.20$$

Después, hay que sumar el costo de la receta del relleno o ganache. El relleno puede ser igual o un poco más caro que el mismo macarrón.

En general, para la ganache necesitamos:
- 600 g de cobertura de chocolate
- 500 ml de crema para batir
- 50 g de mantequilla
- Antimicótico, que evita el crecimiento de hongos

Los precios en el supermercado de cada ingrediente son:
- 1 kg de cobertura de chocolate: $162.00 pesos
- 1 l de crema para batir: $60.00 pesos
- 1 kg de mantequilla: $155.00 pesos
- 454 g de antimicótico: $1,140.00 pesos

Después de realizar el cálculo que explicamos anteriormente, resulta que la receta del relleno o ganache tiene un costo de $140.50 pesos. Hay que sumar todos los gramajes de la ganache para calcular el total. En este caso la receta da 1,150 gramos.

$$600 \text{ g de cobertura} + 500 \text{ ml de crema} + 50 \text{ g de mantequilla} =$$
$$1,150 \text{ g de relleno}$$

Utilizamos de 10 a 12 gramos por macarrón, aproximadamente, lo que significa que la receta rinde 96 macarrones. ¿Cuánto es por macarrón? Nuestra receta con un costo de $140.50 pesos equivale a 1,150 g. Multiplicamos los 12 g que necesitamos por $140.50 y dividimos el resultado entre 1,150 g, Esto nos da un valor del relleno de macarrón de $1.46 pesos. Dejémoslo en $1.40 pesos.

$$1,150 \text{ g} = \$140.5$$
$$12 \text{ g} = ¿\$?$$

$$\frac{12 \times 140.5}{1,150} = \$1.46$$

Ahora sumamos lo de las bóvedas ($3.20) con lo del relleno ($1.40) y obtenemos un costo total de $4.60 por macarrón.

> $3.20 de bóvedas + $1.40 de relleno=
> $4.60 por cada macarrón

Estos $4.60 pesos son tu costo de alimento, o 35% del precio del macarrón. El 100% de esto, o bien, el precio de tu macarrón, sería de $13.50 a $14.00 pesos por macarrón para que tu margen de rentabilidad sea de 65%, o de $8.50 a $9.00 pesos.

> 35% = $4.60
> 100% = ¿$?
>
> $$\frac{100 \times 4.60}{35} = \$13.14$$

Lo voy a complicar un poco, pero es muy importante tener lo siguiente en cuenta: de esos $13.50 a $14.00 tendrás que considerar 10% de merma. Lo explicaremos más adelante: se trata del producto desaprovechado, el cual le resta aproximadamente de $0.85 a $0.90 al margen de ganancia que obtienes en cada macarrón.

MERMAS

¿Recuerdas nuestra agua de piña? ¿Cuánto perdimos en las partes de la fruta que no pudimos usar? A eso lo denominamos **merma**. La merma está compuesta por la parte de los ingredientes que descartas, lo que deja de estar en condiciones óptimas para la venta, el producto que regalas para promocionarlo, o el que preparaste, pero como en algún momento del proceso hubo una falla ya no se pudo utilizar. Por ejemplo, postres cuya decoración se arruinó, leche que no se guardó en el refrigerador, bóvedas de macarrones que se quemaron en el horno. Esas cosas pasan.

Hay que saber cómo reconocer la merma de nuestros productos para incluirla en el costo del producto final, principalmente porque en repostería trabajamos los humanos y no las máquinas. Esto quiere decir que habrá equivocaciones, fallas y merma. De 100% es muy probable que siempre pierdas 10%, lo que significa que por cada $100.00 de ganancia puede ocurrir que pierdas $10.00 por un percance, puesto que trabajas con gente. **Mi recomendación es siempre calcular una merma del 10% del producto en el costo final, y que esto se tenga contemplado en el precio de venta.**

Así, del macarrón que cuesta $14.00 pesos sabes que $1.40 son de merma. Entonces, por cada 100 macarrones que vendas, de los cuales obtendrías $1,400.00, probablemente pierdas $140.00 por merma. Y, como se mencionó, hay que considerarlo al establecer el precio.

$14.00 x 0.1 (10%) = $1.4 de merma

Venta de 100 macarrones = $1400.00
14 x 0.1 = $14.00 de merma

La merma varía según la escala de producción. Sin embargo, 10% es una buena media para tomar en cuenta. La mala noticia es que esta se le resta a tu porcentaje de ganancia. Así, en lugar de que tu margen se mantenga entre 65-70%, dependiendo de tu merma este puede reducirse hasta 55-60%. La operación sería la siguiente:

Precio = 100%
Costo = 30-35%
Ganancia = 65-70%
Merma = - 10%
Ganancia final = 55-60%

¡Pero no todo es malo! En realidad, tu margen de ganancia sigue siendo más de la mitad de tu precio de venta al público. Además, tener en cuenta la merma te puede ayudar, por ejemplo, a calcular también el producto que das como muestra para promoverte. Hay que considerar las muestras como parte de la merma puesto que se pueden considerar como pérdidas, aunque en este caso te ayudan a que la gente pruebe y conozca tus productos. Pero ¡cuidado! No debes excederte. Todas las muestras que obsequias se reflejan en la merma.

Y recuerda: siempre que vayas a regalar algo a cualquiera, págalo de tu bolsillo a precio completo. **Ningún emprendedor regala el trabajo de la gente, lo paga.** De lo contrario, empiezas a tener huecos en tus finanzas.

¿Y SI USO LOS PRECIOS DE LA COMPETENCIA?

Ahora, es muy probable que digas: «¿$14.00 pesos el macarrón? ¡Pero si yo los he visto en tiendas a $30.00 pesos! ¿No debería seguir a mi competencia y cobrar lo mismo?».

Hay cosas a considerar con la competencia y una de estas es la **media del producto.** ¿Qué es la media del producto? Es el promedio de todos los costos de un mismo producto en diversos negocios, y es un elemento a considerar cuando queremos posicionar nuestro producto en el mercado. El promedio se obtiene cuando sumas todos los precios de venta y divides el resultado entre el número de precios que sumaste. Supongamos que quieres sacar el promedio del precio de venta de tres negocios: A, B y C. La fórmula para obtenerlo sería:

$$Promedio = \frac{Precio\ A + Precio\ B + Precio\ C}{3}$$

Ahora bien, sigamos con el ejemplo anterior: tienes tus macarrones y los quieres vender. Sabemos que por la zona otros tres negocios también los venden y los hacen bien. Sin embargo, tú tienes una receta especial. Tienes que observar a la competencia y analizar dos factores: **su calidad y su precio de venta**. Si al realizar tu costeo ves que tienes el mismo precio, pero además tienes una mejor idea y calidad, los clientes posiblemente se irán contigo. En cambio, si todos están ofreciendo un producto de calidad similar, pero tu precio de venta es más elevado, es probable que elijan irse con la competencia. Por tanto, tus costos tienen que establecerse conforme a tu producto y al de ellos también. Porque si pones salchicha de relleno parisino traída desde Francia, ¡te va a salir muy caro! Y tu competencia seguramente no trabaja así.

Una vez que tu marca está establecida puedes hacer que tu producto sea más caro, siempre y cuando la calidad esté a la vista. Pero recuerda: no siempre es bueno comparar con lo que está en la competencia. Lo más probable es que si te está yendo bien eventualmente consigas expandirte. Cuando lo hagas, tu precio tiene que ser igual en todos lados (tanto en los suburbios como en el centro de la ciudad), pues es un reflejo directo de la calidad y el estándar de tu marca.

¿CÓMO GUARDO MIS PRODUCTOS?

Para evitar cualquier tipo de pérdida o simplemente para poder trabajar con diferentes horarios, es importante para todo pastelero saber cómo congelar (y descongelar) los productos. La preservación de nuestros productos es importante para ofrecer **calidad** a nuestros clientes.

Si sabes congelar y descongelar tienes una ventaja porque entonces no tendrás que hacerlo todo el mismo día. Tendrás días de horneado, de decorado... Tendrás más orden y la vida de los productos estará al mismo ritmo.

> Congelemos
>
> El proceso de congelación será siempre el mismo.
> 1) Se coloca el producZto en un recipiente completamente hermético.
> 2) Se cubre el recipiente con papel plástico, y se saca el exceso de aire.
> 3) Se mete al congelador.

Congelar es como ponerle pausa al producto en una máquina de tiempo. Todo se queda tal cual, y no hay nada que crezca en la congelación, siempre y cuando esté bien cerrado. A partir de 12 horas, el producto ya se congeló.

Si el recipiente no está bien cerrado los productos se pueden quemar. Los cristales de agua empiezan a romper el producto, las grasas se echan a perder, la comida comienza a mermarse. Pero si se guarda bien, un producto se puede conservar hasta por tres años, aunque no es lo más recomendable. Los congeladores tienen un gas que se llama xenón que afecta el sabor del producto y le da ese toque de: «Ay, ¿te sabe a refri?». Por cuestiones de calidad, yo recomendaría congelar por una semana.

¿Qué puedes congelar? Todo. Solo asegúrate de congelarlo bien.

> Descongelemos
>
> Ahora, a la inversa, a descongelar. Cada paso es muy importante:
> 1) Del congelador pasa tu producto al refrigerador. Déjalo ahí 24 horas.
> 2) Del refrigerador pasa el producto a temperatura ambiente. Déjalo ahí durante seis horas.
> 3) Trabaja con tu producto.

Este proceso es importante porque permite que los cristales de agua formados durante la congelación por la misma humedad del producto se reduzcan apropiadamente y el producto mantenga su estructura. De lo contrario, si te desesperas y piensas que con dejarlo seis horas a temperatura ambiente es suficiente, terminarás trabajando con un producto cuyo corazón sigue congelado. Claro, esto es en el caso de la pastelería. Con los pescados y las carnes los tiempos varían por la estructura de los alimentos, pero igualmente hay un proceso que cuidar.

LA PRESENTACIÓN IMPORTA

Ya tienes tu producto. Lo decoraste y se ve fantástico. La siguiente pregunta es: ¿cómo entregarlo?

Encontrar el mejor **empaque** puede resultar complicado, pero es muy importante invertir para poder entregarlo al cliente de la mejor manera. Siempre hay que buscar que los empaques sean bonitos y favorezcan tu marca. Puedes tener un gran empaque, pero si tu producto no luce no sirve de mucho. Recuerda: **«De la vista nace el amor»**. Tu empaque tiene que favorecer al producto.

Si vives en la Ciudad de México, el Centro es el lugar ideal para encontrar empaques. Puedes encontrar tiendas en la calle de República de Uruguay. Hay proveedores que te pueden dar un precio muy bajo al comprar una cantidad exorbitante de empaques. Sin embargo, en este momento que empiezas puedes comprar los empaques de diez en diez o como mejor te convenga.

AHORA HABLEMOS SOBRE EL EMPRENDIMIENTO

Hiciste tu costeo, sacaste tu precio, preparaste el producto, lo empaquetaste y, finalmente, llegó tu primer cliente e hiciste tu primera venta. ¡Muy bien! Es hora de manejar la ganancia.

El plan que te propongo, de emprendedor a emprendedor, sirve para crecer poco a poco y hacer más con tu negocio. Este es mi consejo para un negocio longevo.

> Distribuye el 100% de las ganancias de la siguiente forma:
>
> 20% en reinversión
> 20% para materias primas
> 20% para ahorro
> 20% para tu beneficio
> 20% para educación

La reinversión puede ser desde contratar a alguien hasta comprarte un mejor horno o refrigerador. Las materias primas —los ingredientes— son tu fundamento, sobre lo cual vas a continuar trabajando. Para cualquier negocio y persona los ahorros son un seguro a futuro. El beneficio, también conocido como el lado alegre de ganar dinero, es para que te compres cuantas cosas quieras para tu gusto personal. Y finalmente, la educación implica ahorrar para un curso, para un libro, para una suscripción a un canal educativo, para aprender siempre.

Todo esto hace que un emprendedor mantenga el orden para que el negocio siga creciendo. Nunca falta la persona que cuando recibe dinero lo gasta por completo. Así es muy fácil fracasar. Lo mejor es ahorrar para ir reinvirtiendo poco a poco en equipo. Por ejemplo, una computadora que te ayude a sacar los costos más rápidamente. Tal vez en un primer momento no te alcance para la computadora, pero ya después te alcanzará.

Existen otros métodos. Puedes analizar el de otros emprendedores o crear el tuyo. Si te quieres ver muy disciplinado puedes intentar el **método japonés**, en el que durante los primeros tres años no se toca nada para beneficio. Todo se reinvierte. Así, el cuarto año puedes obtener cuatro veces más en reinversión. Se puede hacer y es muy bueno. Pero te comparto el método que me ha funcionado a mí para que tengas una idea de por dónde empezar.

RECUERDA, VAS A SER GRANDE. ¿QUÉ IMPLICA ESTO?

Hablábamos antes de que no es bueno fijar el precio únicamente con la competencia como referencia porque siempre hay que tener en mente una cosa: vas a crecer, tu empresa va a ser grande. **Al expandirte, tu precio tiene que ser el mismo en todos lados.**

Aquí es donde cambia el juego. Recuerda que el crecimiento es importante. Esto te lleva a pensar que en el futuro tendrás que agregar valores a la situación del principio. No solamente vas a hacer pasteles desde tu casa. Pasarás de trabajar solo a tener un ayudante, y de tener un ayudante a tener varios. Del estacionamiento de tu casa te irás a un local. Tendrás varios pedidos; para esos pedidos necesitarás empaques. Tendrás que buscar una bodega donde guardar la papelería. Al tener gente trabajando para ti tendrás que inscribirla en el Seguro Social y pagar impuestos.

Conforme crezcas habrá que aumentar al costo del producto los diversos factores que permiten su elaboración y el posicionamiento de tu marca. En un principio solamente vamos a costear la receta. Sin embargo, no te olvides de estos factores que eventualmente tendrás que tomar en cuenta.

En tienda podemos vender a $26.00 pesos la pieza de macarrón, que es casi el precio en el mercado, principalmente porque ya estamos considerando renta, empleados, el precio de la marca. Pero los $14.00 pesos iniciales son el precio que calculamos originalmente, cuando no teníamos estos gastos adicionales y lo entregábamos en la mano del cliente, prácticamente en una servilleta.

Cuando dividas tus ganancias como emprendedor tendrás que analizar cómo invertir, que puede ser comprando máquinas o contratando gente que te ayude. Si quieres sacar más recetas, pero ya no quieres costear, invierte en un contador, por ejemplo. Ya después podrás invertir en fondos de inversión, préstamos y más cosas. Pero, por el momento, que te salga el costeo es un buen punto de arranque.

CUIDAR AL CLIENTE

Recuerda que **todo cliente es importante**. El trato con él siempre tiene que ser excelente. Lo tienes que hacer sentir bien. Para ello debes ser cordial: preguntarle cómo está, elogiarle algo y, como mínimo, sacarle una sonrisa. Hay cosas que no cuestan; búscalas para generar una mayor satisfacción en tu cliente. Por ejemplo, puedes pedirle su correo para mandarle un mensaje en su cumpleaños, que no es lo mismo que mandarle promociones. Incluso una pequeña risa genera una ganancia, pues establece afinidad entre tu cliente y la marca.

Es importante que vean tu marca como algo **aspiracional**: ni barata ni cara, pero sí accesible, alcanzable. En última instancia no será algo de todos los días, pero tus clientes podrán pagar $26.00 por un macarrón realmente delicioso.

SOBRE RIESGOS Y FRACASOS

La clave de cualquier negocio es animarse. Es fácil, aunque todo implica un riesgo. Para empezar a emprender debes ser como Tarzán en tu negocio: te tomas de la siguiente liana cuando todavía estás sujetándote de la anterior.

Un riesgo es factible hasta que empiezas a afectar a una persona externa, es entonces cuando tienes que aprender a decir «no». Si ves que la situación no es factible, termina con ella.

¿Cómo sabes qué algo no está saliendo? **Los números lo dicen todo.** Un claro ejemplo es lo que sucede al no tomar en cuenta la merma. Esto realmente es un grave error pues puede hacer que pierdas una suma considerable de dinero al año y no te des cuenta porque no prestaste atención. Pero ¡no desesperes! Todo esto lo puedes evitar si costeas bien desde el inicio. Sin embargo, si observas que son más las pérdidas que las ganancias, no debes de seguir presionando las cosas.

Hay que tener presente que la **necedad** es el camino más rápido al **fracaso**. Cuando los cálculos no salen en tus costos, cuando ves que pierdes más de lo que ganas, cuando no puedes cumplir con tu gente, o contigo, es la manera de detectar que las cosas no están funcionando. Muchas veces solo hay que analizar los números para identificar esta situación. Los números son lo tangible. Si la inversión se perdió, se perdió.

Decidir ponerle fin a un proyecto puede ser difícil. Pero hay que priorizar el valor humano, velar por el bienestar de tu gente y de ti mismo. Siempre estará bien detenerse, considerar las opciones, replantearse el camino. Lo más valioso de cualquier fracaso es lo que se aprende en el trayecto. En este punto es cuando hay que identificar los errores y repensar las acciones. Es parte del emprendimiento y del aprendizaje propio.

No pasa nada. Siempre podrás emprender nuevamente. Puede que tardes en ahorrar dinero para embarcarte en otro proyecto o los tiempos y las oportunidades no siempre coincidan. Pero el «no» ya lo tienes. El fracaso es seguro. Ahora hay que buscar salir de las dificultades.

RECUERDA

Lo primero que tienes que hacer es sacar tu costeo.
Tu costo de alimento representa 30-35% de tu precio.
Saca tus costos con base en los precios del supermercado; el más caro preferentemente.
Utiliza la regla de tres para sacar tus costos.

Gramaje a la venta = precio a la venta
Gramaje en la receta = ¿costo de alimento?

$$\frac{\text{Gramaje en la receta x precio a la venta}}{\text{Gramaje a la venta}} = \text{costo de alimento}$$

- **Costea todo:** cada ingrediente y cada receta.
- Considera las **dimensiones** de tu pedido.
- Cuida las **mermas** de tus ingredientes y siempre ten en cuenta su valor
- La **merma:** representa **10%** de tu producto.
- La ecuación que toma en cuenta todo para establecer el costeo es:

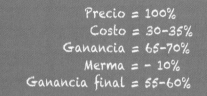

Precio = 100%
Costo = 30-35%
Ganancia = 65-70%
Merma = - 10%
Ganancia final = 55-60%

- **Tienes que pagar todo lo que regalas.**
- Maneja un **plan de negocios** para administrarte. Yo te propongo que dividas tus ganancias de esta forma:

20% en reinversión   20% para tu beneficio
20% para materias primas   20% para educación
20% para ahorros

- Tienes que vender tus productos **al mismo precio en todos lados.**
- Recuerda que **vas a crecer** y tendrás que considerar en tus costos diversas necesidades y servicios de tu negocio, como personal, Seguro Social, bodegas, empaques, gas, agua y luz.
- **Todo cliente es valioso.** Siempre trátalo cordialmente. Busca establecer un vínculo con él y encuentra formas sencillas para crear una afinidad.
- Tu marca tiene que ser aspiracional. Ni barata ni cara, sino accesible. Si los números no te están cuadrando, si percibes muchas pérdidas, si el negocio afecta el bienestar de otras personas, o incluso tu bienestar, **detente y replantéalo.** No tengas miedo al fracaso, reconoce que la necedad te puede llevar por mal camino, y **pon un alto cuando tengas que hacerlo.**
- **Recuerda:** siempre puedes volver a intentarlo más adelante, y esta vez con la gran ventaja que da la **experiencia.**

AGRADECIMIENTOS:

Quiero agradecer enormemente a Jesús por la inmensa bendición que me ha dado; este libro es una prueba de ello, pues ayudará a muchos a iniciar un nuevo proyecto de vida. A mi esposa Lina por estar invariablemente a mi lado apoyándome y ser la responsable de siempre ir a más. A mis padres, Malú y Ramón, por sembrar en mí la semilla del emprendimiento. A Alexandra Bretón por su transparente amistad y la conexión para hacer este libro. A Williams Sonoma y Pottery Barn por hacer que todas las recetas se vistieran para lograr un ambiente cálido y entrañable. A Fernando Gómez Carbajal por estar siempre conmigo plasmando mi trabajo por medio de una cámara, con el ojo que solamente él tiene. A Daniela Estrada, porque su ayuda fue esencial para que las fotografías de este libro quedaran tan lindas. A Juan Pablo Montes, por revisar este libro una y otra vez y haber cuidado sus contenidos. A todos los miembros de QUE BO! que fueron una pieza básica para la elaboración de las recetas y la administración. Y a Editorial Planeta por creer en mí y apostar por el emprendimiento a través de la gastronomía.

Puedes encontrar todos los
accesorios de las fotografías de
este libro en

POTTERYBARN

WILLIAMS
SONOMA
CALIFORNIA